मेरा शरीर
मेरी आत्मा का
सौतेला बेटा

मेरा शरीर मेरी आत्मा का सौतेला बेटा

चयनित कविताएँ, 1980-2020

वाणी भारतीय कविता
अनुवाद शृंखला - 3

सुदीप सेन

चयन एवं अनुवाद

अनामिका

वाणी प्रकाशन

वाणी प्रकाशन

4695, 21-ए, दरियागंज, नयी दिल्ली 110 002

फ़ोन : +91 11 23273167 फ़ैक्स : +91 11 23275710

शाखाएँ

अशोक राजपथ, पटना 800 004, बिहार

कॉफ़ी हाउस कैम्पस, महात्मा गांधी मार्ग, इलाहाबाद 211 001, उत्तर प्रदेश

महात्मा गांधी अन्तरराष्ट्रीय हिन्दी विश्वविद्यालय, वर्धा 442 001, महाराष्ट्र

सुल्तानिया रोड, मोतिया पार्क, भोपाल 462 001, मध्य प्रदेश

www.vaniprakashan.com
marketing@vaniprakashan.in
sales@vaniprakashan.in

Mera Sharir Meri Aatma Ka Sautela Beta
Translated from the English original
My Body is the Stepson of my Soul
by © Sudeep Sen
Introduction & Translation by © Anamika
Author Photograph by © Wang Yimei
Front cover photograph by © Sudeep Sen

ISBN : 978-93-90678-47-1
Poetry Collection

प्रथम संस्करण 2022

मूल्य : ₹ 495

आर. टेक ऑफ़सेट प्रिंटर्स, दिल्ली-110032 में मुद्रित

वाणी प्रकाशन का लोगो मक़बूल फ़िदा हुसेन की कूची से

सिमी

के लिए

बेंत की पुरानी आरामकुर्सी पर
कविता प्रशान्ति के लिए—बुने हुए

पाठ आराम कायम रखते।
अधीरता कामना की

सुलझने नहीं देती,
भारी, पारभासक, भापदार,

मादरी ज़ुबानों की छिटपुट-सी लालिमा—
जाड़े की साँस है गुलाबी।

—सुदीप सेन

अनुक्रम

I. प्रस्तावना

II. चयनित कविताएँ

II. 1 : *फ्रैक्टल्स* से (2016)

III. उपसंहार

I
प्रस्तावना

भारतीय कविता : अनुवाद की 'लोकनी'

जब दो सभ्यताएँ एक-दूसरे से संवाद साधती हैं, अनुवाद के आसरे ही। कुछ देर तो खींचा-तानी चलती है फिर प्रीतिकलह के दौरान जो आदान-प्रदान घटता है, उसे समझा जा सकता है 'गीतगोविन्द' के उस प्रसंग के आश्रय जहाँ रास के बाद राधा गोविन्द के कपड़ों में बैठी हैं, गोविन्द राधा के परिधान में। यही प्रसंग अमीर खुसरो के यहाँ कुछ यों गूँजता है—

'छाप-तिलक सब छीनी रे
मोसे नैना मिलाय के,
अपने ही रंग रंग लीने रे,
मोसे नैना मिलाय के।'

नैना मिलाती दो सभ्यताएँ जब आमने-सामने खड़ी होती हैं, 'अपने ही रंग रंग लीनी रे', वाला सवाल सिर्फ़ हेजेमनी का सवाल या 'कॉलोनियलाइजेशन ऑफ माइण्ड' का सवाल नहीं रहता—कहीं भीतर कुछ एक-दूसरे को छू भी जाता है और प्रमुदित समर्पण की स्थिति भी घटती है। दोनों भाषिक संस्कृतियों के भीतर कुछ सहज खिलता है, दृष्टि दोनों की बड़ी होती है।

आदर्श स्थिति तो किसी भी रिश्ते की यही होती है कि कोई किसी पर हावी न हो, संवाद के दौरान कुछ ऐसा घट जाये कि अपने ही भीतर नयी खिड़कियाँ खुलें और पाठक रचयिता भी हो जाए—अर्थ का सह-प्रस्तोता। पर आदर्श स्थिति हमेशा घट नहीं पाती, सम्बन्धों की

अपनी राजनीति भी होती है जिसके तहत लोग सामने वाले व्यक्ति/पाठ या संस्कृति का कचूमर निकालने पर तुल जाते हैं।

विवर्तन, भाष्य, अर्थक्रिया और संस्कार कर्म—चार नामों से प्राचीन भारत में अन्तःपाठीय संवाद प्रचलित थे—मूल पाठ का कचूमर निकाले बिना एक समानान्तर पाठ रच देने की कला में निष्णात। आनन्दवर्धन ने तो कहा कि जिन रचनाओं के गर्भ से अन्य रचनाएँ न फूटें, उन्हें, 'अयोनि पाठ' मानना चाहिए। 'योनि' को यहाँ हम उस 'अपोरिया' के रूप में भी पढ़ सकते हैं जहाँ कई तरह के विरोधाभासी अर्थ पाठीय अवचेतन में तैरते हुए एक रूढ़ गाँठ-सी बना देते हैं। यह गाँठ अनेक दृष्टियों से पाठ को पाठ के विरुद्ध पढ़ने से ही खुलती है, वह भी पूरी तरह नहीं।

राजशेखर अनुवाद को परपुरप्रवेश कहते हुए यह बताते हैं कि कहाँ यह पदार्थहरण सर्वथा उचित है—खण्ड के रूप में हो या तैलबिन्दु की तरह पाठ की सतह पर पूरी तरह फैला हुआ। वे कहते हैं कि अभिनेता के वस्त्र की तरह पदार्थहरण के प्रभाव रंग-बिरंगे और अर्थपूर्ण भी होते हैं (नटेनपट)

जिसे पश्चिम की दुनिया इन दिनों 'थिक टेक्स्ट' की तरह सराह रही है और जिस 'थिक टेक्स्ट' में शब्दों के बीच फैले अर्थाकाश की अनुगूँजें पकड़ने पर इतना जोर दे रही है—उसे 'इण्टरटेक्चुऐलिटी कहती हुई—भारतीय आचार्यों ने उसके सूत्र बारहवीं सदी में सुझाए थेः 'अपने ही रंग रंग लीनी रे' का एक सबल उत्तर-औपनिवेशिक पाठ यह भी हो सकता है।

भर्तृहरि की मानें तो अर्थ को शर्मीली दुल्हन के रूप में भी पढ़ सकते हैं जो धीरे-धीरे स्वयं को अनावृत्त करती है—परा, पश्यन्ती, मध्यमा, फिर बैखरी। इस दुल्हन के साथ जबर्दस्ती अश्लीलता है, पर उसने साथ अन्तः पाठीय संवादों में लीला साधी जा सकती है।

भारत के अलावा चीन की 'फैन यी' परम्परा, नाइजीरिया की 'लेपिंग' परम्परा और ब्राजील का 'कैनिबलाइजेशन' उत्तर आधुनिक अनुवाद से मिलती- जुलती तकनीकें हैं। 'फैन यी' चीनी कढ़ाई शास्त्र से

लिया गया शब्द है। कढ़ाई के फूलों के पीछे धागों का जो कच्चा-पक्का वितान तना होता है, उसे फैन यी कहते हैं। अनुवाद यानी फैन यी। उसकी अस्त-व्यस्तता, उसके कटे-फटेपन में ही असल अन्तःसूत्र कौंधते हैं। विनुती 'थिक ट्रांसलेशन' की वकालत करते हैं, जिसमें अनुवाद अनुवाद की तरह ही लगे, बहुत चिकना-चुपड़ा नहीं, पर इसमें मूल की गन्ध बसी हो। यह 'फैन यी' तकनीक के करीब पड़ता है और 'लैपिंग' का मतलब है पुनर्कथन जो हमारे यहाँ की 'भाष्य' परम्परा से मिलता है। यही पश्चिम में 'इण्टरटेक्चुऐलिटी' के नाम से परवान चढ़ा।

आधुनिक अनुवाद-शास्त्र दुनिया को बिजली का एक सर्किट मानता है और चाहता है कि इसमें सभी छोटी-बड़ी भाषाएँ एक-दूसरे से विद्युत लेकर एक खास तरह का पॉलिसिस्टम विकसित करें। इसी से अनुप्राणित मेरे ये अनुवाद हैं जिसकी प्रक्रिया पर थोड़ी बातें आगे रखना चाहूँगी।

× × ×

तिरहुत का खासा रूढ़ शब्द है 'लोकनी'। 'लोकनी' यानी वह वृद्धा या प्रौढ़ा दाई जो बालिका वधू को अपने संरक्षण में ससुराल लाती थी। नये परिवेश में नयी बहू ख़ुद ही मुँह खोलकर कुछ माँगे या किसी बात का जवाब दे—यह तो मर्यादा का उल्लंघन माना जाता था। उसकी तरफ़ से जो कहना होता था—'लोकनी' ही कहती थी।

'पाँच कोस पर पानी बदले, आठ कोस पर बानी' वाला तर्क मानें तो एक ही अंचल में कई तरह की बोलियाँ बोली जाती हैं। मिथिला की 'मैथिली' और वैशाली की 'बज्जिका' भगिनी भाषाएँ ही हैं—पर इन दोनों अंचलों के बीच भी कई तरह की मैथिलियाँ, कई तरह की बज्जिकाएँ बोली जाती हैं। 'लोकनी' दुनिया देखकर अघाई हुई वैसी बुद्धिमती स्त्री होती थी (प्रायः वंचित वर्ग की विधवा, बुढ़कुँवारी या अनाथ) जो उस अंचल की सभी उपभाषाओं का लोच अलग-अलग पहचानती थी। ज़्यादातर बेटियाँ तो आसपास के गाँवों में ही ब्याही जाती थीं, पर अगर किसी की 'अन्य' जात-धर्म के बालक से चिट्ठी-पत्री हो गयी और उसके नाम के साथ कोई लोकापवाद जुड़ गया तो दूर-'देश'

यानी दूरस्थ अंचलों में भी बेटी ब्याहकर छुट्टी पाते थे लोग। ऐसे में 'लोकनी' बेचारी की भूमिका और विषम हो जाती थी; उसे ब्याह के दो-तीन महीने पहले वहाँ जाकर स्थानीय भाषा का अन्तरंग समझना होता था ताकि 'बहू' और 'नये घर' के बीच का दौत्य ठीक से निभा सके।

इसी अर्थ में कह रही हूँ कि अनुवाद 'लोकनी' का धर्म निभाते हैं और उन्हें 'घर'-'बाहर'—दोनों के भाषिक परिवेशों में ताल-मेल बिठाकर रखना होता है ताकि 'अर्थ' का 'अनर्थ' न हो जाये...और ऐसा करते हुए हँसमुख भी बना रहना होता है, ऐसा मुँह नहीं बनाना होता है जैसे मन-भर का बोझ माथे पर हो, और भारी-भरकम, थके- बुझे क़दमों से नहीं, उड़ते हुए क़दमों से चलना होता है ताकि 'गृहीता' परिवेश बोझिल न हो जाये।

समकालीन भारतीय परिदृश्य के अपने विशिष्ट कवि-मित्रों के लिए मैंने इसी हँसमुख 'लोकनी' दाई की भूमिका निभाई है हालाँकि सिद्ध लोकनियों की तरह मैंने प्रतिवेशिनी (मूल) भाषा में कोई विशिष्ट योग्यता हासिल नहीं की, अंग्रेज़ी नामक सूत्रधार भाषा के दम पर संकल्प साधा, पर मेरी ख़ुशकिस्मती यह रही कि मेरे प्रिय कवि मेरे मित्र भी थे—उन्होंने मुझे समय दिया, मेरे साथ बैठे, मूल की अन्तर्ध्वनियाँ पकड़ने में मेरी मदद की। साथ-साथ हमने कविता का पारायण किया, कई-कई ड्राफ्ट बनाये और इस बात का ख़ास ध्यान रखा कि अनुवाद न बोझिल हो, न उड़नछू।

आलोचकों का एक बड़ा निकाय मानता है कि कविता वह जो अनुवाद में नष्ट हो जाये, और दूसरे निकाय का कहना है कि कविता वह जो अनुवाद का झटका झेलकर भी ठठी रहे। शब्द-संयोजन, प्रवाह, वक्रोक्ति और श्रुतियों-अनुश्रुतियों-अनुगूँजों को काव्य की आत्मा समझने वाले लोग पहले निकाय के हैं और कथ्य या फलितार्थ को काव्य की आत्मा मानने वाले लोग दूसरी तरह के।

मेरी अपनी मान्यता यह है कि बेहतरीन कविताएँ वे जो अन्तःपाठीय संवाद के दस द्वार खोलें और मन में इस दायित्व का संचार भी करें कि इनसे बेलगाम छेड़-छाड़ न की जाये। अपनी भाषा में अनुकूलित

करते हुए पाठ की एकतानता थोड़ी टूटे भी तो इस एहसास के साथ कि ये तो पहले से ही बेहतरीन शब्दों का सर्वोत्कृष्ट संयोजन हैं, इन्हें अपने इशारों पर नचाने की कोशिश एक अभद्र कृत्य है।

समकालीन भारतीय कविता-परिदृश्य से ये जो विशिष्ट कवि मैंने आनुवादिक गपशप के लिए चुने हैं—हिन्दी के लिए उनके मन में गहरा अनुराग रहा है, ख़ासकर हिन्दी कविता के लिए। खड़ी बोली हिन्दी भारतीय भाषाओं के संयुक्त परिवार की सबसे छोटी (कन्या) भाषा है और किसी भी परिवार की सबसे छोटी कन्या की तरह सबकी मुँहलगी और चहेती भी। आधुनिकता के गर्भ से जनमने के कारण यह गहरे अर्थों में जनतान्त्रिक भी रही है : संवाद-अनुवाद-वाद-विवाद की केन्द्रस्थ भाषा, स्वाधीनता आन्दोलन की भाषा—विभिन्न भाषिक संस्कृतियों के बीच पुल बनाने का संस्कार यह घुट्टी में पीकर आयी है। प्यार करना इसको आता है—अहैतुक किस्म का प्यार जो देने में ही सुख पाता है, वापस क्या मिला, इसपर कभी ध्यान नहीं देता। जो कवि अपनी भाषा की आन्तरिक संरचना बदलने वाली बंकिमता घटित करता है, हिन्दी उसकी ओर दोनों हाथ बढ़ाकर खड़ी होती है; और बाबा तुलसी ने अतिथि-सत्कार का जो व्यंजक चित्र खड़ा किया है, कवि शायद उसी से प्रभावित होकर दूसरी समृद्ध भाषाओं की ओर न जाकर अपनी हिन्दी के पास ही आते हैं—

'आवत ही हरषै नहीं नैनन नहीं सनेह,
तुलसी वहाँ न जाइए, कंचन बरसे मेह।'

भारतीय अनुवाद की समस्या

हर भारतीय पर भाषाई पंचवटी की छाँह होती है। जैसे कि संयुक्त परिवार में जन्मा कोई भी बच्चा कई आँचलों की छाँह में पलता है, हर भारतीय के चित्त पर कई-कई बोलियों-बानियों की छाया होती है। घर में बुजुर्गों से वह एक भाषा में संवाद करता है, माता-पिता, भाई-बहनों से किसी और भाषा में, दोस्तों और फेसबुक के साथी उससे किसी तीसरी

भाषा में बात करते हैं और आसपास बिखरे कामगर-साथियों से (दूधवाले, सब्ज़ीवाले, सफ़ाई कर्मचारी, इस्त्रीवाले भाई से) उसकी अन्तरंगता का विस्तार किसी चौथी-पाँचवीं भाषा/बोली में होता है। कभी-कभी शिक्षण-प्रशिक्षण की भाषा और कोई भाषा भी होती है। और अगर घर में कोई धार्मिक पुस्तक पढ़ी जाती है तो उसकी भाषा भी अलग हो सकती है।

यह साझा मातृत्व भाषाओं के इस संयुक्त परिवार में ही सम्भव है जिसे भारत कहते हैं। एक घर में यदि पाँच भाषा-क्षेत्रों से पाँच बहुएँ आयीं तो भी घर पाँच भाषाओं की छाँह पा जाता है। (बहुओं को पहले उनके मायके के गाँव से जोड़कर बुलाते भी थे—डुमराववाली, सुस्तावाली, बैरियावाली वगैरह।) एक साथ कई-कई बोली-बानियों के घर आने-जाने की यह सुहावनी परम्परा हर भारतीय को एक जन्मजात अनुवादक बना देती है :

"कोई कवि बन जाये, सहज सम्भाव्य है"

पर कई सगोत्र भाषाओं (बोलियों) या अलग गोत्र की भाषाओं से दोस्ती हमें अनुवादक के रूप में थोड़ा धृष्ट भी बना देती है। अन्तरंगता अनुशासन के बन्धन थोड़ा ढीला कर ही देती है। वैसे भी, कृषिप्रधान देशों में लोग स्वभाव से बहुत औपचारिक या सैन्य अनुशासन वाले नहीं होते। 'क्या अपना, क्या पराया' का बोध ही क्षीण हो जाता है। जिसे पश्चिमी समाज आज 'अन्तःपाठीय' कहता है, उसकी कई जीवन्त मिसालें 'रामायण' और 'महाभारत', 'पंचतन्त्र' और जातक कथाओं के स्वच्छन्द अनुवादों/भाष्यों/संस्करणों में उपलब्ध हैं। प्रोफ़ेसर राधावल्लभ, प्रोफ़ेसर ऋषि जैसे उद्भट विद्वानों की बहुतेरी अन्तर्राष्ट्रीय सम्मान प्राप्त कृतियाँ अन्तःपाठीय अनुवादों का भास्वर उदाहरण हैं।

जैसे नानी-दादी की जड़ाऊ साड़ियाँ काट-छाँटकर उनकी डिजाइनर पोशाकें युवतियाँ सिल लेती हैं, भारतीय भाषाओं का सारा आर्ष और लोकसाहित्य नये-नये काटों से पुनर्सृजित हुआ है। आधुनिक संवेदना का विस्तार भारतीय भाषाओं में जातीय स्मृतियों की बैटरी रीचार्ज

करते हुए ही हुआ। देश नया-नया स्वतन्त्र हुआ था, पश्चिमोन्मुख रहने में स्वाभिमान की हानि थी। ध्वस्त अस्मिता का पुनर्निर्माण मिथकीय/शास्त्रीय और लोकचेतना से नया (धर्मनिरपेक्ष, बौद्धिक) संवाद घटित किये बिना तो असम्भव था। मार्क्स और फ्रॉयड, रूसी और यूरोपीय लेखक भी अनुवाद के रास्ते ही हमारे घर आये थे और अन्य भारतीय भाषाओं के क्लासिक भी अनुवाद के ज़रिये ही हमने पचाये थे। इस तरह देखा जाये तो आधुनिकता की पूरी चेतना ही अनुवाद के रास्ते विकसित हुई।

उत्तर-औपनिवेशिक प्रतिकार अनुवाद की राजनीति में बखूबी झलका, ख़ासकर हिन्दी में। स्वाधीन भारत में पहले दौर के जितने अनुवाद हुए—उनमें यूरोप की अन्य भाषाओं की कालजयी रचनाएँ प्रमुखता पा गयीं। यह अवचेतन का निर्णय था या ब्रिटिश प्रभुत्व के भूतभगावन संकल्पों का चौकस निर्णय, साफ़ कहना मुश्किल है, किन्तु हिन्दी के कुछ मूर्धन्य साहित्यकार, प्रेमचन्द, राजेन्द्र यादव और निर्मल वर्मा ग़ैर-ब्रिटिश यूरोपीय उपन्यासों के अनुवाद हिन्दी में लाये और विश्व-कविता के प्रमुख हिन्दी अनुवादकों, रघुवीर सहाय, धर्मवीर भारती और रघुवीर सहाय से लेकर अशोक वाजपेयी, विष्णु खरे, वीरेन्द्र वरनवाल, वरयाम सिंह, त्रिनेत्र जोशी और सुरेश सलिल तक ने ग़ैर-ब्रिटिश यूरोपीय कविता के ही भास्वर अनुवाद किये, कुछ इस तरह कि भारतीय जनजीवन और चिन्तन उनसे सहज संवाद कर सका। अफ्रीकी, पोलिश, हंगेरियन, जर्मन, रूसी और लातिन अमरीकी सोच का छन्द और उनके राजनीतिक संघर्ष का लम्बा इतिहास भी हमारे तादात्म्य-बोध में निर्णायक सिद्ध हुए।

भारतीय भाषाएँ आपस में कम-कम बतियाईं, लेकिन बिल्कुल नहीं बोलीं—ऐसा नहीं कहा जा सकता। इस सन्दर्भ में हंस कुमार तिवारी, रणजीत साहा, देवेश आदि प्रखर अनुवादकों, साहित्य अकादेमी, भारतीय ज्ञानपीठ और नेशनल बुक ट्रस्ट के अलावा राजकमल, ज्ञानपीठ, राजपाल और वाणी प्रकाशन, हिन्द पॉकेट बुक्स, संवाद और इतिहासबोध प्रकाशन आदि का प्रकट योगदान है। पुरस्कृत रचनाओं के अलावा भी कुछ के

अनुवाद 'समकालीन भारतीय साहित्य' और 'इंडियन लिटरेचर' जैसे साहित्यिक जरनल नियमित रूप से सामने लाते रहे और इन अनुवादों में उस तरह की मस्ताना या सूफ़ियाना छूटें भी नहीं थीं।

ख़ासकर स्त्री-अस्मिता, दलित और आदिवासी अस्मिताओं को निवेदित रचनाएँ भारतीय भाषाओं में बिजली की क्षिप्रता से इधर-उधर गयीं। पर यहाँ एक बात नज़र आयी कि हिन्दी, मलयाली, पंजाबी, मराठी भाषाएँ भगिनी-भाषाओं के अनुवाद में अधिक उदार रहीं। तमिल, तेलुगु, कन्नड़, बांग्ला और उड़िया—जैसी भाषाओं का जैसा विपुल अनुवाद इन भाषाओं में हुआ, इनका अनुवाद उन भाषाओं में नहीं हो पाया। 'ऊधो का लेना पर माधो का न देना' जैसे इन भाषाओं का संस्कार हो गया क्योंकि बहुत दिनों तक ये महत्त्वपूर्ण भाषाएँ इस श्रेष्ठता-ग्रान्थि का शिकार रहीं कि ये अपने-आप में परिपूर्ण हैं, और भाषाओं में क्या चल रहा है—इन्हें जानने की ज़रूरत नहीं है। स्त्री-दलित और आदिवासी साहित्य के सजग-अनुवाद उपक्रमों से यह भ्रम कुछ हद तक टूटा, और अंग्रेज़ी या हिन्दी की मध्यस्थता से भी जितने अनुवाद सम्भव हुए—उनमें एकतानता थी। भारतीय भाषाओं की लय, परामानस की उनकी अवधारणाएँ, उनके साहित्यिक और सांस्कृतिक निकष, उनका तत्सम कोश साझा हैं—इसलिए उनके आपसी अनुवाद अधिक सरस, निर्बाध और सहज होते हैं।

हाल-फिलहाल अभय कुमार दुबे, आदित्य निगम, रविकान्त, हिलाल अहमद आदि समर्थ विद्वानों द्वारा समाजविज्ञान और विमर्शात्मक लेखन का हिन्दी में आयात तो भरपूर हुआ, पर हिन्दी से अंग्रेज़ी में निर्यात न के बराबर। ग़ैर-बराबरी की जो संरचनाएँ सामाजिक व्यवस्था पर हावी हैं, विषयों और भाषाओं के सहज संवादी स्वरूप का भी खण्डन करती दीखती हैं।

अनुवाद की जो दो-तीन तरह की समस्याएँ साफ़ उभरकर सामने आती हैं, उनमें पहली है अतिशय ढीले और अतिशय चुस्त अनुवाद। इन अतिशयों के बीच की संवादी राह निकालना ज़रूरी है। दूसरी चुनौती है पदानुक्रम-मुक्त आवाजाही जिसमें किसी संस्कृति को फुटनोटिंग

की यानी चरणों में लोटवाने की ज़रूरत न पड़े, एक ही धरातल पर, पैरेन्थेसिस आदि तकनीकों के जरिये सन्दर्भकीलित रूढ़ शब्द अनूदित और सन्दर्भित हो जायें–लगे जैसे एक ही चटाई पर बैठी बतियाती हों भाषाएँ। अनुवाद की भाषा में एक अन्तरंग प्रकाश हो, तनाव नहीं हो, पर बातें छूटें नहीं–और संघनित हो जायें, सांस्कृतिक पर्याय उन्हें और संघनित करें तो अच्छा! मूल का संक्षेपण नहीं हो तो अच्छा। अनुवाद के लिए जो श्रेष्ठ रचनाएँ चुनी जाती हैं, वे लद्‌धड़ और फोंक भरी तो होती नहीं, फिर करतब्योंत क्यों? और कतरब्योंत की ज़रूरत पड़े तो अनुवाद क्योंकर?

सन्दर्भकीलित पाठों के लिए कम-से-कम कविता के अनुवाद में हम जुड़वाँ पाठ जारी कर सकते हैं–एक शाब्दिक अनुवाद का, दूसरा अन्तःपाठीय/भाष्यपरक/सांस्कृतिक पर्याययुक्त मुक्त अनुवाद का। और भी कुछ उपाय साधे जा सकते हैं कि जिससे 'खूबसूरती' और 'वफ़ादारी', 'चिकने' और 'रुखड़े' के बीच का विवाद पिघले।

काव्य-दार्शनिकों का एक निकाय कहता है कि कभी-कभी कविता बनी-बनाई 'उतर' आती है, किसी तरह की छेड़छाड़ से उसकी संरचना ढहती ही है, सँवरती नहीं। प्रसिद्ध रोमांटिक कवि और काव्य-दार्शनिक कालॅरिज कविता को 'best words in best order' (बेहतरीन शब्दों का सर्वोत्कृष्ट क्रम) कहते हैं। एक बात यहाँ विशेष ध्यान देने की है। कभी-कभी ही ऐसा होता है कि कविता कैडाइलोस्कोप के फूलों की तरह ढली-ढलाई उतर आये। अक्सर उसके शिल्प पर मेहनत करनी होती है। दूसरे महान रोमांटिक कवि-दार्शनिक, वर्डस्वर्थ के शब्दों में कहें तो उसे 'recast' करना होता है। प्रशान्त क्षणों में, आवेग उतर जाने के बाद 'recollect' करना होता है, भाव-विचार-बिम्ब-काव्योक्तियाँ पुनर्संयोजित होती हैं और इस पुनर्संयोजन के बाद जो संरचना सामने आती है, यदि वह अच्छी कविता है तो, किसी तरह की छेड़छाड़ से उसकी एकतानता टूटती ही है। इस तरह अन्तिम ड्राफ्ट में अच्छी कविता सचमुच बेहतरीन शब्दों का सर्वोत्कृष्ट संयोजन हो जाती है।

अनुवाद है तो एक छेड़-छाड़ ही। अपनी भाषा में अनुकूलित करते हुए पाठ की एकतानता टूटती रही है। अनुवादक चाहे-अनचाहे सम्पादक भी हो जाता है। चाहता है कि बेहतरीन कविताओं के अनुवाद से अपनी भाषा वह समृद्ध करे, और बेहतरीन कविताएँ मानिनी नायिकाओं की तरह छेड़छाड़ कम ही बर्दाश्त करती हैं। उनको मान यह होता है कि वे पहले से ही बेहतरीन शब्दों का सर्वोत्कृष्ट संयोजन हैं। उन्हें कैसे कोई इधर-उधर नचा सकता है।

कुछ 'पाप' ज़रूरी होते हैं। आदम-हव्वा यदि सेब नहीं खाते—सृष्टि आगे कैसे बढ़ती। सीता यदि लक्ष्मण रेखा नहीं लाँघती, रावण का वध कैसे होता। यदि हम अनुवाद-कर्म बन्द कर दें तो नोबेल पुरस्कार, ज्ञानपीठ सहित दुनिया के सब बड़े पुरस्कार बन्द हो जायें या फिर सभी निर्णायकों को सभी भाषाओं का यथोचित ज्ञान होना ज़रूरी हो, पाठ्य-पुस्तकों से विश्व-साहित्य ग़ायब हो जाये, इतनी सारी महत्त्वपूर्ण लघु-पत्रिकाएँ जो अनुवाद को निवेदित हैं, बन्द हो जाएँ, अन्तःपाठीय उड़ानों और सांस्कृतिक आदान-प्रदान के जो अनवरत क्रम सब साहित्यिक धरोहरों को लगातार स्पन्दित रखे है, बन्द ही हो जाये, विश्व-नागरिक होने का सन्तोष ही ख़त्म हो जाये—सीमित और संकुचित हो जाये यह दुनिया।

अच्छे अनुवादक साहित्य के सर्वाधिक निस्संग योगी होते हैं, दो संस्कृतियों के बीच पुल बनाने वाले अभियन्ता। संसार उनसे बहुत उपकृत रहा है। अनुवादक न होते तो न आधुनिकता घटती, न कोई और वैचारिक क्रान्ति। समकालीन अनुवाद पद्धतियों ने कई बड़े विचार दिये हैं।

अनुवाद न होते तो एलियट एलियट न होते, येट्स येट्स नहीं, रवीन्द्रनाथ भी रवीन्द्रनाथ नहीं होते। हिन्दी पट्टी के मनोलोक-विस्तार में रूसी साहित्य और बांग्ला साहित्य—दोनों की बड़ी भूमिका रही है, और भला किसके सहारे? अनुवादकों के सहारे ही। सामान्य रचनाएँ भी अगर अच्छे अनुवादकों के हाथ लगीं तो उनका उद्धार हो जाता है, उनके झोल मिट जाते हैं और वे अधिक चुस्त हो जाती हैं। पर इसका विलोम भी सत्य है, इसलिए अनुवाद कार्य एक गम्भीर उत्तरदायित्व है, गम्भीर लेकिन मज़ेदार।

'सृजन की थकन भूल जा, देवता' : हमारे अनुवादक कवि

सभी बड़े आधुनिक कवि अपनी थकान अनुवाद से मिटाते रहे हैं। अपनी थकी शिराओं में स्फूर्ति भरने की ख़ातिर वे अनुवाद की ओर जाते रहे हैं। भवभूति ने अपने प्रसिद्ध श्लोक में जिस 'समानधर्मा' की चर्चा की है, उसका सन्धान सभी रचनाकारों के मन में लगातार ही चलता रहता है। काल निरवधि है, पृथ्वी विपुल—कभी-न-कभी, किसी काल-खण्ड, किसी भूखण्ड में कोई तो ऐसा होता जिससे मेरा हृदय-संवाद पूरा हो—इस उम्मीद की परिपुष्टि करते हैं अनुवाद। वे स्थान और काल की सीमाओं के पार ले जाकर रचनाकारों को 'समानधर्मा' से मिलाते हैं, उनमें नयी ऊर्जा भरते हैं। अनुवाद एक तरह का मूक-सम्भाषण है और अनुवादक सांस्कृतिक राजदूत। पास्तरनाक ने अपनी थकान के क्षणों में शेक्सपियर के सफल अनुवाद किये, अपने यहाँ भी अधिकांश कवि सफल अनुवादक रहे हैं, किन्तु सफल अनुवादक होने की शर्त नहीं है कवि होना।

कभी-कभी तो कबाड़ा ही करते हैं कवि। वे दूसरों का या स्वयं अपना भी अनुवाद करते हुए कई छूटें लेते हैं और एक नयी रचना सामने आ जाती है। अनुवादकों के बीच चुटकुला चलता है कि 'सुन्दर' अनुवाद 'बेवफा' और 'मनचले' होते हैं—सुन्दर महबूब की तरह, और बहुत 'सुशील' अनुवादों के साथ मुश्किल यह होती है कि वे यान्त्रिक हो जाते हैं, उनका प्रवाह बाधित हो जाता है। सफल अनुवाद वह है जो अनुवाद लगे ही नहीं : भारी क़दमों से न चले, गिरे हुए कन्धे न हों जिसके।

सन्दर्भ-बहुल कविताओं का अनुवाद सर्वाधिक जटिल होता है क्योंकि उनमें सांस्कृतिक पर्याय जुटाने होते हैं या फुटनोटिंग करनी होती है। इधर के कुछ सफल अनुवादकों ने 'रिटेंशन' की भी वकालत की है। रूढ़ पद ज्यों-के-त्यों रखे जायें और नीचे फुटनोट में, पाद-टिप्पणी में अर्थ लिखने के बजाय पैरेन्थेसिस में दो डैशों के बीच अर्थ-विस्तार कर दिया जाये—ऐसी मान्यता आर्लीन जाइदी आदि सफल अनुवादकों की बनी है। निम्नांकित उदाहरण से शायद बात स्पष्ट हो सके—

मेरा भाई मुझे समझाकर कहता था
जानती है पूनम,
तारे हैं चुटपुटिया बटन
रात के अंगरखे में टँके हुए
मेरी तरफ़ प्रेस बटन को चुटपुटिया बटन कहा जाता था
क्योंकि चुट से केवल एक बार पुट बजकर
एक-दूसरे में समा जाते थे वे।
वे तभी तक होते थे काम के
जब तक उनका साथी—चारों खूँटों से बराबर
बिल्कुल उनके सामने रहे टँका हुआ।
ऊँच-नीच के दर्शन में उनका कोई विश्वास नहीं था—
बराबरी के वे कायल थे,
फँसते थे, न फँसाते थे,
चुपचाप सट जाते थे,
मेरी तरफ़ प्रेस बटन को चुटपुटिया बटन कहा जाता था
लेकिन मेरी तरफ़ के लोग ख़ुद भी थे
चुटपुटिया बटन की तरह
चुट से पुट बजकर सट जाने वाले।
इस शहर में लेकिन
चुटपुटिया नज़र ही नहीं आते—
सतपुतिया झिगुनी की तरह यहाँ
एक सिरे से ग़ायब हैं
चुटपुटिया जन और बटन।
ब्लाउज़ में भी दर्ज़ी
देता है टाँक यहाँ हुक ही हुक—
हर हुक के आगे विराजमान होता है फन्दा,
फन्दों में फँसे हुए आपस में कितना सटेंगे।
कितना भी कीजिए जतन,
चुट से पुट नहीं ही बजेंगे।

My brother explained this to me
Stars
Are the snap-buttons sewn on the jacket of night
In my part of the world snaps
Were called 'chutputia'
Because with the click of a 'chut'
One snapped into the next.
They had no faith in the high and the low
Advocates of equality
Neither hooking nor getting hooked up
Came together without a fuss
In my part of the world
Snaps were called 'chutputia'
But even the people from my part of the world behaved like snaps
No chutputia here in this alien city
Like sweet gourd, satputia jhiguni
You just can't find them, can't find them anywhere
Chutputia people and chutputia snaps on sari blouses
Tailors in the city sew on hooks, not snaps.
And there's always a gap
Between the hook and the snare of the eyes
No matter how hard you try,
There'll be no click of 'chut' and no 'put'.

हर भाषा में अर्थ-अनर्थ, अर्थ-संकोच और अर्थ-विस्तार विशिष्ट प्रकार के होते हैं। और एक भाषा-घर से दूसरे भाषा-घर तक जाते-जाते कुछ नयी चीज़ें जुड़ जाती हैं, कुछ खो भी जाती हैं। इस महायात्रा में अर्थ अक्षुण्ण रखा जाये, अर्थ का अनर्थ न हो जाये—यह तो ज़रूरी है।

हाटमैन और स्टार्क ने अनुवाद की परिभाषा 'प्रतिपाद्य के स्थानान्तरण की प्रक्रिया' के रूप में की है।

शत-प्रतिशत अर्थान्तरण तो हो नहीं पाता, इसलिए ए.ए. स्मिथ आदि 'सम्भवता' पर ज़ोर देते हैं। अनुवादक योग की स्थिति में पूरी तरह भाव -विचार-शून्य भी हो नहीं पाता, थोड़ी-बहुत आत्मनिष्ठता और आत्मचेतना बनी ही रहती है जिसके कारण काव्यानुवाद क्रम में कभी अर्थ-विस्तार हो जाता है तो कभी अर्थ-संकोच, कभी तो मूल का अपकर्ष हो जाता है, कभी उसका उत्कर्ष भी।

काव्यार्थ सम्बन्धी अध्ययन

लियनार्ड फॉरस्टर के अनुसार, "अनुवाद स्रोतभाषा के प्रतीकों और चिह्नों का लक्ष्यभाषा में अभ्यान्तरण है।" डीस्टर्ड इसे प्रायोगिक भाषा विज्ञान की वह शाखा मानते हैं जहाँ प्रतीक तक एक सुनिश्चित समुच्चय से दूसरे समुच्चय की ओर प्रयाण करते हैं।

श्री अरविन्द ने भाषा की तीन इकाइयाँ बताई हैं—शब्द, अर्थ और उसकी चेतना। काव्यार्थ संश्लिष्ट होता है, शब्दार्थ भी एक अर्थ तक सीमित नहीं होता, पर अर्थागम के बाद ही अनुवाद उसे व्याख्यात्मक प्रणालियों से सम्प्रेषित करता है, उसके सन्दर्भ भी खोलता है। भाव की समानुभूति, अपरिवर्तनीय मूलभाव के स्तर पर अर्थपूर्ण समतुल्य की तलाश, स्रोतभाषा की पाठ्य-सामग्री के मूल सन्देश का अर्थ के स्तर पर सम्प्रेषण और अन्तरण-काव्यानुवाद में सब कुछ समाहित है। ज्ञान-साहित्य की तुलना में सर्जनात्मक साहित्य का अनुवाद दुरूहतर होता है, और कविता का अनुवाद तो सचमुच टेढ़ी खीर है क्योंकि कविता बहुत सारे अन्तःसंघर्ष समाए रहती है।

कविता भाव और कल्पना का उद्‍बोधन ही नहीं, उसका सम्प्रेषण भी है, और नयी भाषा में, विशेषकर विदेशी मूल की भाषा में उद्‍बोधन जगाना बेहद मुश्किल होता है। अभिधा तो कविता में न के बराबर ही होती है और लक्षणा-व्यंजना-व्यापार की सूक्ष्म तरंगों का संवहन दूसरी भाषा में प्रायः नहीं होता। काव्य का माध्यम बिम्बात्मक भाषा है

जो डॉ. नगेन्द्र के शब्द उधार लेकर कहें तो, 'सहृदय की कल्पना में भाव-चित्र जगाकर कृतकार्य होती है।'

तो काव्यानुवाद को पाठक और रचयिता, सहृदय और सर्जक—दोनों की भूमिका में उतरना पड़ता है। पहले पाठक-रूप में कृति आत्मसात करनी होती है, और फिर गृहीत रूप की लक्ष्यभाषा में उसकी पुनर्सर्जना होती है, जहाँ उसे कृति के अभिधेयार्थ में अटके बिना अर्थ-ध्वनि तक पहुँचना होता है। अक्सर उसे उस स्थिति से भी जुड़ना होता है जहाँ शब्दों के अर्थ रुक जाते हैं और पात्रों की आत्मा संकेतों-बिम्बों-प्रतीकों के रूप में अभिव्यक्ति पाती है।

डॉ. शशिमुदीराज ने यह पूरी प्रक्रिया काव्यात्मक ढंग से सामने रखी है :

"रचनाकार अपनी अनुभूति से लिखता है, अनुवादक की अनुभूति अपनी नहीं, उधार ली हुई है। इस कारण रचनाकार यदि ईश्वर है तो अनुवादक एक विवश ईश्वर है क्योंकि उसकी रचनात्मकता उसकी मूल रचना से बँधी है। अनुवादक को वही अनुभव करना है और लिखना है जो मूल रचना में है। इसलिए अनुवादक का कार्य अधिक कठिन है। एक ओर सर्जनात्मकता के आवेग में अपने-आपको डुबो देना और दूसरी ओर अपने निजी व्यक्तित्व को आरोपित होने से बचाये रखना—ये दो शर्तें ऐसी हैं जिनको निभाना और जिनके बीच सन्तुलन बनाये रखना कठिन है।"

अली अकबर ठीक ही लिखते हैं कि अर्थ की मनःसामाजिक भूमिका काल-स्थान सापेक्ष होती है। इसलिए अर्थ-विकास ऐतिहासिक भाषा विज्ञान का एक प्रमुख प्रकरण बन जाता है। भारत में अर्थ-विचार दो प्रकार से हुआ है—खण्ड पक्ष तथा उपखण्ड पक्ष। मनोविज्ञान में इन दोनों को क्रमशः साहचर्य (एसोसिएशन) तथा समग्राकृति सिद्धान्त (गेस्टाल्ट सिद्धान्त) के नाम से जाना जाता है। पहले सिद्धान्त के अनुसार शब्द एक स्वायत्त इकाई है और शब्दों की शृंखलाबद्ध संयोजित इकाई ही वाक्य है। इसलिए आरम्भ में वैयाकरण भाषा का शब्दाश्रित अध्ययन करते हैं (यास्क और पाणिनि आदि)।

दर्शन के मीमांसा सम्प्रदाय ने भाषा के वाक्याश्रित अध्ययन को वैज्ञानिक माना। भर्तृहरि के अनुसार श्रोता या ग्राहक के मन में या उसके बोध-व्यापार में शब्द का नहीं, वाक्य का बिम्ब रहता है। मीमांसा का एक सम्प्रदाय यह भी मानकर चलता है कि हम पहले शब्दार्थ करते हैं और वाक्यार्थ साथ ही विकसित होता जाता है। दूसरे सम्प्रदाय के अनुसार अर्थ वाक्य के सन्दर्भ में ही होता है। वाक्य एक समग्राकृति (गेस्टाल्ट) है, समग्र अर्थ वाक्य से ही प्रकट होता है।

काव्यानुवाद को अर्थ के दोनों ही स्तरों पर सजग रहना होता है। अधिकतर तो शब्दानुवाद के बाद ही वाक्यार्थ भाषान्तरित होता है, अनुवादक को वाक्यार्थ के अनुवाद से सन्तुष्ट होना पड़ता है। नैयायिक सुनिश्चित शब्दार्थ या वाक्यार्थ से सन्तुष्ट हो जाते हैं, पर काव्यानुवादक को अर्थ के भावात्मक, सांस्कृतिक और सन्दर्भात्मक पक्ष का भी ध्यान रखना पड़ता है। भाषावैज्ञानिक व्याकरण 'जेनेरेटिव ग्रामर' तथा रचनान्तरण व्याकरण (ट्रांस्फॉरमेशनल ग्रामर) से व्यंजनार्थ तक जाता है—बौद्धिक और तार्किक अर्थ के पार की भावात्मक-सांस्कृतिक अर्थ-व्यंजना या 'इमोटिव मीनिंग' (रिचर्ड्स) तक।

काव्यानुवादक के लिए अर्थ का आलंकारिक रूपान्तरण भी महत्त्वपूर्ण है, इसलिए अक्सर उसे अन्तर्वाक्य तक डुबकी लेनी होती है और अर्थलय के विभिन्न 'रजिस्टरों', भाषिक मार्मिकता के अलग-अलग स्तरों से तारतम्य बिठाना पड़ता है।

जॉर्ज चैपमैन (1959-1634) ने इलियड के सन्दर्भ में काव्यानुवाद के तीन सूत्र प्रस्तावित किये हैं :

- शब्द-प्रतिशब्द अनुवाद से बचा जाये।
- मूल की भावना तक पहुँचने का प्रयास किया जाये।
- विद्वत्ता या अतिशय आलंकारिकता अनुवाद का प्रवाह बाधित न करे।

सत्रहवीं शताब्दी के इंग्लैण्ड में जॉन ड्राइडन (1615-69) ने भी काव्यानुवाद में शब्दानुगामिता का विरोध किया और मूल पाठ का केन्द्रीय तत्त्व ग्रहण कर लक्ष्य भाषा में उसके पुनर्सृजन की बात कही।

उन्होंने अनुसरण (इमिटेशन) को भी काव्यानुवाद की एक पद्धति माना। अट्ठारहवीं शताब्दी में पोप (1688-1744) ने ग्रीक कवियों के इमिटेशन छपाए भी। डॉ. जॉनसन (1704-84) ने इस सन्दर्भ में एक महत्त्वपूर्ण टिप्पणी की कि जिस प्रकार लेखक अपने समकालीन पाठक के लिए लिखता है, अनुवादक अपने समकालीन पाठक के लिए अनुवाद करता है। उन्होंने काव्यानुवादक को ऐसा चित्रकार या अनुकर्ता कहा जो मूल के प्रति निष्ठावान होते हुए भी उद्दिष्ट दर्शक के हितों का ध्यान रखता है।

रिटलर (1791) ने भी काव्यानुवाद के तीन सूत्र प्रस्तावित किये :

- भावानुसरण
- शैली का अनुसरण
- मूल की प्रबोधता।

अनुवाद में मूल की भावना इस प्रकार संक्रान्त हो कि पाठकों में उतनी ही तीव्र अनुभूति जगे जो मूल के पढ़ने पर जगी थी। यही प्रभावसमता का सिद्धान्त है जिसका प्रभाव रोमैंटिकों पर भी रहा। विक्टोरियन काव्यानुवादकों के मन में एक ख़ास बात यह जगी कि विदेशी भाषाओं की प्राचीन रचनाओं के अनुवाद में विदेशीयता और प्राचीनता की हानि न हो। इनके ज़्यादातर काव्यानुवाद शब्दानुसार हुए। बीसवीं शताब्दी में काव्यानुवाद नाइडा और चॉमस्की-प्रभृत भाषा वैज्ञानियों के भाषिक सिद्धान्तों के आलोक में फले-फूले। नाइडा ने कहा कि प्रत्यक्ष प्रक्रिया द्वारा जो अन्तरण होता है, मूल की सतही संरचना के स्तर पर, जबकि परोक्ष प्रक्रिया के तहत वह पाठ की गहन संरचना में भी जाता है जहाँ पाठ का अपरिवर्तनीय मूलभाव स्थित होता है, उसे ही तलाश कर प्रोक्ति भाषा में उसे अन्तरित करना काव्यानुवाद का मूल धर्म है।

चॉमस्की भी मानते हैं कि भाषाओं के बीच का अन्तर तल-संरचनाओं का अन्तर है। तल-संरचनाएँ महज ऊपरी सतह की आकस्मिकताएँ हैं जबकि भाषा को गढ़ने का केन्द्र इसके बहुत नीचे गहन संरचनाओं में स्थित होता है जिन्हें चॉमस्की मानव-मन का एक नैसर्गिक अवयव मानते हैं। उनका निष्कर्ष है कि मनुष्य की भाषाओं का

एक सामान्य स्थापत्य होता है। इस सार्वभौम घटक की धारणा में ही अनुवाद की व्यावहारिक प्रविधि छिपी थी जिसे नाइडा ने विस्तार दिया।

नाइडा के अनुसार

1. स्रोत भाषा के संरचनात्मक रूप से अत्यन्त सामान्य अर्थ का बीज-पाठ तैयार हो।
2. फिर प्रोक्ति भाषा का अर्थ लक्ष्य भाषा के सामान्य सरंचनात्मक स्तर पर स्थानान्तरित हो।
3. लक्ष्य भाषा मूल के शैलीगत और अर्थगत समतुल्य की अभिव्यक्ति हो।

इस अनुवाद चिन्तन का आधार गत्यात्मक समतुल्यता है और गत्यात्मक समतुल्यता की धुरी अर्थ की वास्तविक पहचान। एक भाषा की गहन संरचना से दूसरी भाषा की गहन संरचना में स्थानान्तरण भाव की समानुभूति के सहारे सम्पन्न हो जाता है। इसे ही वे गत्यात्मक समतुल्यता कहते हैं। नाइडा ने ऊपरी समतुल्यता से श्रेयस्कर इसे माना है। कालिदास के काव्यनाटकों का अनुवाद करते हुए श्री अरविन्द ने भी इससे मिलती-जुलती बात कही थी :

"अनुवाद का अर्थ समतुल्य शब्दों का पुनरुत्पादन नहीं, उसका सम्बन्ध समतुल्य बिम्ब, समतुल्य अनुषंग एवं समतुल्य कवितात्मक सौन्दर्य की पुनर्रचना से है जिसमें मूल की ख़ुशबू बसी है।"

जर्मनी के वि-शैनशॉफ्ट स्कूल के प्रमुख विचारक वादे के अनुसार समतुल्य, वेकल्पिक समतुल्य, आसन्न समतुल्य और निष्प्रभावी समतुल्य के सहारे काव्यानुवाद हुआ करते हैं। लाइपजिंग स्कूल के फिलीयेक के अनुसार एक समतुल्यता संरचनात्मक भी होती है जो शब्द को अलग-अलग न देखकर एक इकाई के रूप में देखे जाने पर ज़ोर देती है।

परिचालन स्कूल के विचारक लेफेवेर मानते हैं कि पूर्ण अर्थ की प्राप्ति कठिन है, इसलिए अनूदित पाठ मूल का परिवर्तन नहीं, अपवर्तन है। हिन्दी में हरीश त्रिवेदी, पूरन टण्डन, अवधेश कुमार सिंह, सुरेश सलिल, राजेन्द्र पाण्डे, ज्योति चावला, हरीश नारंग, रणजीत साहा और

रमण ने अनुवाद सिद्धान्तों की यथेष्ट व्याख्या की है। अंग्रेज़ी कविता के हिन्दी अनुवाद की भी अत्यन्त समृद्ध परम्परा बनती है। नर्सरी राइमों से लेकर शेक्सपियर, शेली, एलियट, टेड ह्यूज आदि तक और उधर एमिली डिकिन्सन से सिल्विया प्लाथ तक की कविताओं के कई सप्राण अनुवाद हुए हैं। अन्य विदेशी कवियों के अनुवाद में भी अंग्रेज़ी ने अच्छे बिचौलिए की भूमिका निभाई है। रिल्के, लोर्का, पाब्लो नेरूदा और जिग्न्यू हर्बेटे के अनुवाद अत्यन्त लोकप्रिय भी हुए हैं।

कुल मिलाकर कहें तो काव्यानुवाद सिर्फ़ शब्दानुवाद नहीं है, दो पाठों के बीच एक अन्तरंग दोस्ती है। दोस्ती में क्या होता है? दोनों थोड़ा-थोड़ा ऐडजस्ट करते हैं—एक-दूसरे के स्वभाव के अनुसार :

आओ, हम समझौता कर लें
तुम जीतो मैं हार न पाऊँ,
तुम अपना पथ ज्योतित कर लो,
मैं पथ में अंगार न पाऊँ

चुप सहने की आदत मेरी
कहीं तुम्हें गुमराह न कर दे।
प्रभु का यह वरदान नहीं कम,
मेरे मौन पुकार सकें जो!

मेरे सौ-सौ गान बहुत कम,
कर तुमको साकार सकें जो।

श्यामनन्दन किशोर की इन पंक्तियों के आश्रय समझें तो आधार-भाषा और अनुवाद-भाषा के बीच एक सम्यक् रिश्ता कायम होता है, एक प्रजातान्त्रिक स्पेस जिसमें किसी तरह की अहमन्यता के लिए कोई स्थान नहीं होता। अख्मतोवा के महान अनुवादक स्टेनली ने एक बार एक अन्तर्वीक्षा में कहा : "Purism in literature (and in translation) may be as destructive as fanaticism in religion." (साहित्य या साहित्यानुवाद के लिए शुद्धतावाद उतना ही विध्वंसक हो सकता है जितना धर्म के लिए धार्मिक उन्माद)।

महान काव्यानुवादकों ने काव्यानुवाद की अलग-अलग प्रक्रियाएँ अपनाई हैं, सब पढ़-सुनकर आगे आने वाले युवा अनुवादकों के लिए एक राह बतायी जा सकती है कि आप सुगमता से आगे बढ़ें, आधार-भाषा जिसकी मातृभाषा हो, उससे दोस्ती करें और यह अनुरोध कि वह आधार-पाठ का शब्दानुवाद आपके लिए कर दे। उन प्रच्छन्न अर्थसंकेतों की आपको पूरी जानकारी हो जिनसे गुज़रते हुए रचना 'गढ़ी' गयी और फिर एक लम्बी यात्रा करके आप तक पहुँची। रचनाकार से ही नहीं, उसके रचयिता परिवेश, उसके माँ/बाप से भी आपकी अन्तरंगता अपेक्षित है। अच्छे स्त्रीवादी की तरह का व्यवहार अच्छे अनुवादक का होता है, कभी भी वह कुछ बलात् नहीं थोपता, पूरे धीरज और संयम से काम करता है, संवेदनशील होता है और श्रम की गरिमा समझता है। इतना कुछ होमवर्क हो जाये तो फिर काव्यानुवाद के पहले प्रारूप के लिए बैठना चाहिए। .ख़ुद भी सारी आधार-सामग्री और आधार-रचना का सस्वर पाठ तीन-चार बार ऐसे करना चाहिए कि वह हृदयंगम हो जाये, हृदय-छन्द से एकाकार। उसके बाद आधार-पाठ की संरचना बरकरार रखते हुए एक-एक वाक्य का अनुवाद कर देना चाहिए। जिस शब्द पर मूल-रचना में पंक्ति ख़त्म होती है, अनुवाद में भी ख़त्म हो—बिल्कुल ज़रूरी नहीं है, ख़ासकर तब जब भाषा-परिवार बदल जाएँ—SVO (सब्जेक्ट-वर्ब-ऑब्जेक्ट) और SVO (सब्जेक्ट-ऑब्जेक्ट-वर्ब) वाली भाषाओं में उस तरह का तालमेल नहीं बैठ सकता जैसे हिन्दी-बांग्ला में। फिर भी एक पंक्ति में शब्द-संख्या उतनी ही रखी जाये तो बाहरी संरचना बरकरार रहती है। सम्भ्रान्त शब्द-समूह का अनुवाद सम्भ्रान्त शब्द-समूह से कर लें पर बातचीत की सहज-सरल लय में। कई बार तो आप शब्दों का ध्वनि-साम्य भी बरकरार रख सकते हैं—जैसे 'tumult' का अनुवाद 'तुमुल कोलाहल' हो सकता है। यह भी हो सकता है कि मूल भाषा-भाषी कविता का सारांश गद्य में आपको लिखकर दे दे! यदि वह आपकी भाषा लिखने की स्थिति में न हो तो स्वयं उसके साथ बैठें और वह जैसा भी टूटा-फूटा समझाए, उसे व्यवस्थित भाषा में लिख लें।

ये दोनों काम थिसॉरस या शब्दकोश भी आपके लिए कर सकता है किन्तु मानुष-गन्ध का, प्रत्यक्ष मानवीय स्पर्श का स्थानापन्न कोई भी वस्तु नहीं हो सकती : चाहे वह शब्दकोश-जैसी धड़कती हुई शै ही क्यों न हो। हाँ, शब्दकोश से उच्चारण या शब्दार्थ क्रॉसचेक किये जा सकते हैं, उनका सतर्क मिलान किया जा सकता है क्योंकि मानवोचित भूलों की सम्भावना से इनकार नहीं किया जा सकता।

अब जब सारा कच्चा माल (शब्दार्थ, व्यंग्यार्थ, सारांश और शब्द-सन्दर्भ) आपके अपने घर आ गया यानी कि आपकी अपनी भाषा में, आप वहाँ उसका स्वागत अपने ढंग से कर सकते हैं। यह मामला कुछ-कुछ नयी वधू के स्वागत वाला है। आपके भाषा-घर के संस्कारों के अनुसार यह रचना ढलेगी ज़रूर लेकिन वहाँ कोई जबर्दस्ती नहीं करनी चाहिए—कुछ ऐसा करना चाहिए कि उसके मूल संस्कारों का क्षरण न हो, उसके अपने व्यक्तित्व की आभा न मिटे, उसको व्यक्तित्व-विलोपन का दुख न झेलना पड़े जो आम स्त्रियों को नये घर में झेलना पड़ता है।

आधार-पाठ को अपने भाषा-घर की परम्पराओं में ढालने के पहले यह ज़रूरी है कि उसके इतिहास-भूगोल, उसके राजनीतिक-सांस्कृतिक हादसों या सुखद क्षणों का हमें अन्दाज़ हो। सबसे ज़्यादा गहरा द्वन्द्व वहाँ होता है जहाँ सांस्कृतिक पर्याय जुटाने की ज़रूरत होती है। महान रचनाएँ अपने नैतिक भूगोल, अपने स्थानीय रंग-रुतबे से नाभिनालबद्ध होती हैं। बच्चे के जन्म के वक़्त तो नाभिनाल कट भी जाता है, लेकिन मिट्टी से गहरे जुड़ी महान रचनाएँ नाभिनाल कटते ही मुरझाने लगती हैं। उनका अर्थ, संगीत, नाद-सौन्दर्य और कभी-कभी उनकी बिम्बशृंखला भी स्थानीय परिवेश से इतनी गहरी जुड़ी रहती हैं कि किसी नयी भाषा में उनका अवतरण असम्भव हो जाता है। कुछ पौधे आप थल्ला मारकर नयी मिट्टी में रोप सकते हैं लेकिन सारे पौधे नहीं।

'ज्यों-की-त्यों धर दीनी चदरिया' की तकनीक कई बार काम नहीं करती और तब अनुवादक अच्छे मध्यस्थ की तरह सांस्कृतिक पर्याय जुटाने को मजबूर हो जाता है। चूँकि अनुवादक का मुख्य धर्म है दो संस्कृतियों के बीच एक सजग संवाद आयोजित करना, अभेद्य/दुरूह/

गझिन प्रसंगों (अपोरिया या भाषिक अवगुंठन) की विसंरचना उसकी ख़ातिर ज़रूरी हो जाती है, वह कई गहरी जड़ों वाले, 'रूटेड' बिम्बों का सहज भाष्य करने को विवश हो जाता है। ऐसा करते हुए उसे ध्यान सिर्फ़ एक बात का रखना चाहिए कि इससे पाठ का नैतिक या राजनीतिक आवेग और अर्थ-वैभव बाधित न हो। एक उदाहरण से बात स्पष्ट की जा सकती है जहाँ नयी भाषा के पाठक से पाठ की अन्तरंगता कायम करने की ख़ातिर थोड़े से सांस्कृतिक पर्याय जुटा दिये गये हैं। यहाँ काव्य-कौतुक के हित में थोड़े से भाष्य की भी छूट इस अनुवादक ने ली है लेकिन चूँकि यह अर्थ-विस्तार में सहायक है, यह छूट खटकती नहीं :

Will no longer repeat the spoken words
But in memory to that non-meeting
I will plant a sweetbrier
The miracle of that non-meeting shone and sang there
I did not mean to return anywhere from there, happiness
instead of duty
Was my bitter sweetness
I talked with him. who is not needed,
I talked for a long time
Let passion choke lovers
Demanding an answer,
But we, my darling, are only
On the edge of the earth.

अब नहीं दोहराने वाली मैं
अनदिये वक्तव्य
अधूरे मिलन की याद में
बो दूँगी बस मैं शकरगुलाब,
वह वहाँ चमक रहा था और गा भी रहा था

उस अघट मिलन का जादू।
और मुझे जाना कहाँ था अब यह जगह छोड़कर।
कर्त्तव्य नहीं, यह ख़ुशी
(थी सच्ची-मुच्ची)
(निखुरी-उखड़ी कच्ची खटमिट्टी)
बतियाई मैं उससे देर तलक जिसकी किसी को ज़रूरत नहीं थी,
देर तलक बतियाई।
अवरुद्ध होने दो कण्ठ प्रेमियों के
जो चाहते हैं उत्तर
हम तो, भाई, जीव हैं हाशिए के।

निष्कर्ष : कविता का अनुवाद : एक अन्तरंग अनुभव

'देखने में छोटन लगे, घाव करे गम्भीर' वाली बात नावक के तीर पर लागू न भी हो, हिटलर, नेपोलियन, कविता और नाटे बैलों पर ज़रूर लागू होती है। इन्हें नाथना और अनुकूलित कर लेना हमेशा से मुश्किल रहा है। अपनी ज़मीन से भी वे ज़्यादा जुड़े होते हैं। वैसे भी जो कम बोले, उससे ज़्यादा डर लगता है।

कविता स्वभाव से ही कमसुखन है—तौल-तौलकर बोलने वाली—वह भी इशारों में, बिम्बों-प्रतीकों में। बिम्ब-प्रतीक अक्सर कीलित होते हैं—काल में, स्थान में। उन्हें थल्ला मारकर नयी ज़मीन में, नयी भाषा में बोना बहुधा आसान नहीं होता। अक्सर सांस्कृतिक पर्याप्त टटोलते होते हैं, कभी कोई शब्द से रीटेन भी करना पड़ता है—पाद-टिप्पणियों के आश्रय। सरकारी निमन्त्रण पत्रों पर लिखा रहता है—अहस्तान्तरणीय! कविता तो ऐसे सारगर्भित शब्दों का साम्राज्य ही है मानो।

'ज्यों-की-त्यों धर दीनी चदरिया' तो फिर भी गनीमत है, ज़्यादा छक्के सांस्कृतिक पर्याय ढूँढ़ने में छूटते हैं—ख़ासकर तब जब आधार-भाषा आपकी मातृभाषा न होकर पितृभाषा हो यानी बाद में सीखी हुई भाषा जिससे लीलामय छेड़-छाड़ करते हुए आपका दिल ज़रा धड़के।

सामान्य तौर पर तो यह बात ठीक है कि अपनी भाषा में, अपने मायके में कविता या कोई भी रचना चाहे जितनी भी लाडली रही हो, जब उसे दूसरे भाषा-घर में ब्याहा जाता है—वह थोड़ा सहम जाती है और नये परिवेश में समंजित कराने के तनाव भी अनुवादक के ही होते हैं। उसको यह देखना होता है कि ज़रूरत से ज़्यादा उसका डोमेस्टिकेशन या अनुकूलन न हो, जो नये शब्द-सन्दर्भ उसके गले नहीं उतर रहे, जबर्दस्ती उसे घुटाए न जाएँ...और न ही उसका अपना विदेशीपन या परायापन इस क़दर आड़े आये कि नयी अम्मा उससे बतियाते डरें। कभी-कभी उसकी बातें अनुवादक को अपने लोगों के लिए डीकोड भी करनी होती हैं, कभी कुछ गोल भी कर जाना होता है। और यह सब करते हुए उसकी स्थिति कभी तो प्रेमचन्द की 'गृहनीति' के नायक-सी होती है, कभी 'सारा आकाश' के नायक-सी तो कभी लोकगीत वाले आगरे के लाला-सी जो 'अमरीकी दुल्हन लाया रे!' कभी-कभी 'सदी के सबसे अच्छे आदमी' की तरह का घरजमाई भी बन जाना पड़ता है, ख़ासकर तब जब ऐतिहासिक और मनःसामाजिक कारणों से आपकी आधार-भाषा की राजनीतिक प्रभा क्षीणतर हो।

यह तो मानी हुई बात है कि दुनिया के ज़्यादातर कृत्यों की तरह अनुवाद भी एक राजनीतिक कर्म है। जब तक हमारा समाज पदानुक्रममुक्त नहीं होता, तब तक यह राजनीतिक वैताल विक्रमादित्य के काँधे विराजता रहेगा—तरह-तरह के सवाल पूछता हुआ। स्त्री-विमर्श के आश्रय यह बात कहने की कोशिश करूँगी कि स्त्री का चेहरा सिर्फ़ स्त्री का चेहरा नहीं है, वह एक रूपक भी है। दुनिया के हर वंचित का चेहरा स्त्री का चेहरा है। गरीबी का चेहरा तो स्त्री का चेहरा है ही, हर विस्थापित, दलित, अल्पसंख्यक, विकंलाग- बेरोज़गार और शान्तिप्रिय व्यक्ति का चेहरा एक स्त्री-चेहरा है जिसे कभी -न-कभी "Kiss Kiss, Kill Kill" की दुर्दान्त राजनीति सताती ही है। इस क्रम में देखा जाये तो हर उस अनुवादक का चेहरा भी स्त्री चेहरा है जिसकी आधार-भाषा उपनिवेशन का शिकार रही है और जिस पर सारी योग्यताओं के बावजूद सरकारी स्कूल से पढ़े हुए होने या पिछड़े इलाके से आने का असमंजन

अभी कायम है, जो आत्मविश्वास की उस सरहद तक नहीं पहुँचा जहाँ से हँसकर सारी बलाओं को कहते हैं—धत्त।

यहाँ फिर से रेखांकित करूँ कि जब विदेशी भाषा से अपनी भाषा में कुछ लाते हैं, अनुवादक की शेरशाही कायम रहती है और वह एक लीलाप्रवण उदार पुरुष या अकुण्ठ स्त्री के रूप में सामने आता है। पर जब अपनी भाषा से विदेशी भाषा में चीज़ें विदा करनी होती हैं तो उसकी चौकसी एक परेशान स्त्री के चौकन्नापन में अनूदित हो जाती है। उस समय उसको सबवर्शन (मज़ाकिया कलाबाजी या गदहपटका) की नीतियों के तहत भी कभी-कभी रिटेंशन (ज्यों-का-त्यों रख लेने) की तकनीकें आजमानी पड़ती हैं। कभी-कभी पाद-टिप्पणियाँ ज़रूरी हो जाती हैं, पर बहुत फुटनोटिंग से बचना चाहिए। यह भी एक तरह से चरणों में लोटने का या कठघरे में खड़े होकर अपनी सफ़ाई दिये जाने का मामला हुआ जिससे गुरेज करना ज़रूरी है। इससे ज़्यादा सरल और न्यायसंगत है कि कोई रूढ़ पद परम्परा से आया है तो उसका अर्थ- विस्तार वहीं पर, उसी पंक्ति में एक पैरेंथेसिस (या कोष्ठक) जुटाकर दें। इससे कविता का कुछ नहीं बिगड़ता, क्योंकि वह स्वभाव से संवादात्मक होती है, इन अध्याधारों से इसकी बातचीत वाली लय और अधिक गहरा जाती है।

अंग्रेज़ी साहबों की भाषा रही है, राजकाज की भाषा, इसलिए वह स्वभाव से ही अंडरस्टेटमेंट की भाषा है। हिन्दी की प्रकृति मस्त-मलंग पुरधायन की प्रकृति है—खुलकर बतियाने वाली, बतरस का लुत्फ़ उठाने वाली, इसलिए कई बार ऐसा होता है कि अंग्रेज़ी से हिन्दी में चीज़ें लाते हुए भाषिक रजिस्टर बदलने पड़ते हैं। इसे लेकर कोई अपराध-बोध नहीं होना चाहिए क्योंकि इससे कविता अपने लोगों के बीच अधिक सुग्राह्य हो जाती है। रजिस्टर बदलने का ख़तरा ख़ासकर उन स्थितियों में उठाया जाना चाहिए जब काल और स्थान—दोनों ही दृष्टियों से कविताएँ 'रिमोट' या पूर्ववर्ती हों यानी न उनका नैतिक भूगोल मिलता-जुलता हो न कहन-शैली मिलती-जुलती हो। अपने छात्रों के लिए मैंने चॉसर, जॉन डन, वर्ड्स्वर्थ, कोलरिज, ब्राउनिंग, हाप्किन्स, एलियट, येट्स, फिलिप लार्किन, टेड ह्यूज, सिल्विया प्लाथ और मार्च पियर्सी के अनुवाद किये हैं।

इन्हें पुराना स्वेटर उधेड़कर उसे नये डिजाइन में बुन लेने का उपक्रम भी समझा जा सकता है। इस अनुवादक के पास एक उपाय यह था चॉसर का अनुवाद करते समय उनके समकालीन, विद्यापति के भाषिक रजिस्टर सामने रखे जायें, मेटाफिजिकल कवियों का अनुवाद कबीर आदि की सधुक्कड़ी भाषा में, रोमैंटिक कवियों का अनुवाद छायावादी संस्कार की भाषा में कर लिया जाए। आधुनिक कवियों के अनौपचारिक भाषिक तेवर ज्यों-का-त्यों रखते हुए सिर्फ़ सांस्कृतिक पर्यायों से काम चला दिया जाए। मगर इससे पाठ से समकालीन पाठक की वह अन्तरंग गपशप हो नहीं पाती जो कि रचना चाहती है। आपकी नानी जैसा सोहन हलवा बनाती थीं, आपकी माँ वैसा लहरदार और चपाचप हलवा बनाएँ तो आप उल्टी करने लगेंगे। ऐसा नहीं कि माँ वैसा हलवा अपने भाषिक कड़ाह में उतार नहीं सकती, पर क्यों उतारे जब बच्चों का आस्वाद बाधित होता है : बानगी के तौर पर पुराने पकवान चखा दिये जाते हैं मगर रोज़ के खान-पान में माँ उनके परिवर्द्धित संस्करण ही बनाती है। वह उन्हें परोसती भी ऐसे ही है कि वे खा-पचा लें।

स्त्री कवियों का अनुवाद स्त्रियों को हरदम से ज़्यादा सुखद लगता है, शायद इसलिए कि आन्तरिक भाषिक संरचना का छन्द उनके भीतरी छन्द से मिलता-जुलता है। और उससे लाड़-भरी छेड़-छाड़ भी वे ज़्यादा कर पाती हैं। तकनीकी भाषा में इसे इंटरसिमिऑटिक अनुवाद कहेंगे। यहाँ ध्यान सिर्फ़ इतना रखा जाना चाहिए कि लाड़-भरी छेड़छाड़ बलात्कार न बन जाये, आत्मसातीकरण की कोशिश अनुवाद को उग्र तेवर न दे जाये। साहित्य और अनुवाद, दोनों हैं तो एक प्रजातान्त्रिक स्पेस ही, जबर्दस्ती यहाँ मानवीय गरिमा का हनन है। अन्तःपाठीय प्रयाण एक अलग चीज़ है लेकिन यदि पूरा- का-पूरा पाठ किसी और का है जिसे आप पसन्द करते हैं तो उसकी नाक में नकेल तो नहीं ही डालेंगे आप। जो भी होगा, गेम-थेयरी के अन्तर्गत होगा।

इस सन्दर्भ में अनुवादकों को फ्रांस की 'मेनीसाइज़' तकनीक से बहुत लाभ हुआ है। फ्रेंच में इस शब्द का अर्थ है बुनावट अनुवाद : यह अलग- अलग भाषिक और सांस्कृतिक धागों की गझिन बुनावट है,

कुछ इस तरह कि अलग-अलग धागे अपनी अस्मिता, अपना इतिहास और अपना नैतिक भूगोल कायम रखें और एक ऐसा पैटर्न-सा उभरे जो स्वेटर में उभरता है, जैसे उस महिला के स्वेटर में जो 'अ टेल ऑफ़ टू सिटीज' के सराय के दरवाज़े पर बैठकर क्रान्तिकारियों के लिए क्रान्ति का नक़्शा बुनती है और स्वेटर के पैटर्न में ही इशारे करती जाती है कि मुड़ना कहाँ है, कब क्या करना है। कभी-कभी कूट संकेतों की ज़रूरत होती है, जैसे 'द ब्रेस्ट गिवर' के रूप में 'स्तनदायिनी' का अनुवाद जो गायत्री ने किया, 'द वेट नर्स' के रूप में नहीं, उसके अपने तर्क थे। अस्मिता का विकेन्द्रीकरण यही है। वैसे तो कथ्य और शिल्प जुड़वाँ भाई-बहन हैं पर बात बनती तो है 'अन्दाज़े-बयां' से ही। पोएटिक्स कविता और भाषण में फ़र्क़ करता रहेगा। एथिक्स जब ऐस्थिटिक्स के संग घुमरी-परैया लगे खेलने तभी वो पोएटिक्स बनता है, बात असल में आकर रुकती है गेम-थेयरी के प्रजातान्त्रिक वैभव पर–

खेलत में को काको गुसैयाँ

जिसे अपिआह 'थिक ट्रांसलेशन' कहते हैं–पाद-टिप्पणियों से लहालोट, उससे ज़्यादातर अनुवादक घबराते हैं। वैसे भी कविता कहती है–तुमुल कोलाहल कलह में, मैं हृदय की बात रे मन। अनुवाद भी ये ही कहता है। मगर अनुवाद का अर्थ वजूद खोना नहीं है। सहज ढंग से भी अपने पक्ष पर कायम रहना सम्भव है, जैसा कि डिलैन टॉमस ने इशारा किया "Do not go gently with that good night". उदाहरणार्थ, शेक्सपियर के एक संवाद का अनुवाद सामने रख रही हूँ–

बट मैन, प्राउड मैन
ड्रेस्ड इन अ लिटल ब्रीफ अथारिटी
मोस्ट इग्नोरेंट ऑफ़ वॉट ही इज़ मोस्ट ऐश्योर्ड
हिज़ ग्लासी एसेंस, लाइक ऐन ऐंग्री एप,
प्लेज़ सच फैंटास्टिक बिफोर हाइ हेवेन, इट वीप्स।
शेक्सपियर (मेजर फॉर मेजर)

× × ×

पर आदमी मद में चूर
झाड़े सत्ता का टुइयाँ लिबास
अनजान उसी बात से जिस पर आश्वस्त है सबसे ज़्यादा
काँच का उसका वजूद ग़ुस्सैल वानर-से करतब दिखलाता
कुछ इस तरह जन्नत के आगे, रो पड़ते हैं देवगण।

यहाँ 'ड्रेस्ड इन अ लिटल ब्रीफ अथारिटी' का अनुवाद 'झाड़े सत्ता का टुइयाँ लिबास', कुछ ठेठ तो ज़रूर है लेकिन इससे सत्ता की हेकड़ी फिस्स बोलती हुई जान पड़ती है—कम-से-कम अपनी देशज परम्परा में यों ही हम अपना विरोध दर्ज करते हैं। तो कभी-कभी बहुत 'शिष्ट' भाषा का प्रयोग भी युक्तिसंगत नहीं होता। हिन्दी के ज़्यादातर काव्यानुवाद इस बात पर विशेष सजग रहे हैं।

भारतीय कविता अनुवाद शृंखला

आप सबने बचपन में यह खेल जरूर खेला होगा जिसमें हाथ पकड़कर खड़े हो जाते हैं सब प्रतिभागी और एक विशाल गोल घेरा बना लेते हैं एक ऐसे व्यक्ति के चारों तरफ जो 'चोर' कहलाता है। लोककथाओं के चोर की तरह ही देहाती खेलों के चोर भी अनूठे जीव होते हैं—माखनचोर और चरणदास चोर की श्रेणी के ऐसे आकर्षक जीव जो दिल चुरा लेना भी जानते है और विकट घेरेबन्दियाँ फलाँगना भी।

यह पूरा खेल उत्तर-औपनिवेशिक अभियान की तरह पढ़ा जा सकता है। फिलहाल इसे भारतीय कविता अनुवाद शृंखला का प्रयोजन रेखांकित करने वाले एक रूपक की तरह पढ़ते हैं। यह समय की माँग है कि उपनिवेश रह चुके भूखण्डों की सारी भाषाएँ हाथ पकड़कर एक विराट गोल घेरा बनायें—अंग्रेज़ी और उन तमाम वर्चस्वी भाषाओं के चारों तरफ, और अनुवाद आदि में उनका इस्तेमाल ऐसे करें जैसे कैदियों की ऊर्जा का इस्तेमाल (उनके ही उन्नयन के लिए) किया जाता है—उनसे कालीनें बुनवाकर, क्राफ्ट की और चीजें बनवाकर, ध्यान-व्यान सिखाकर, पत्थर तुड़वाकर।

अनुवाद उन्नयन का सहज-सुन्दर अभियान है : तंग घेरेबन्दियाँ तोड़कर निजता का घेरा बढ़ाने और उसे सर्वसमावेशी बनाने का एक सहज उपाय। यह खिड़कियाँ खोलने जैसा है : प्रतिवेशी भाषा से 'हलो' कहने जैसा। हर भाषा जीवन जगत की विडम्बनाओं की ओर खुलने वाली एक खिड़की है। जिसके पास जितनी खिड़कियाँ होंगी, जीवन की जटिलताएँ वह उतने ही कोणों से समझ सकता है। अन्तःकरण का आयतन बढ़ाने का यह उपाय भारत, ग्रीस, चीन, मेसोपोटेमिया आदि प्राचीन संस्कृतियों ने बहुभाषिक होकर ही आजमाया—वह भी अनुवाद के सहारे और इसी के सहारे सांस्कृतिक संकट की घड़ियाँ सांस्कृतिक संवाद की घड़ियाँ बन पायीं—जैसे भक्तिकाल में जब सिल्क सूट पर घोड़े दौड़ाते सूफी, कलन्दर और व्यापारी आये और 'बाजार' में सबकी खबर लेने और सबको खबर देने वाली जनभाषाएँ सबसे पहले उनकी ओर उन्मुख हुईं। वे भी जनभाषाओं की ओर ही उन्मुख हुए और अन्तःपाठीय गपशप का खूबसूरत सिलसिला बनकर सामने आये भक्ति और सूफी काव्य।

एक दूसरी तरह का बाजार आज हमारे सामने खड़ा है। चुनौती यह है कि Sweet are the uses of adversity का सूत्र विकसित करते हुए अनुवाद को सांस्कृतिक शक्ति-सन्तुलन का साधन हम कैसे बनायें। मेरे मत में काव्यानुवाद इसका एक बड़ा साधन है। कविता में यथार्थ को स्वप्न की तरह बाँचने की ताकत होती है और संकट के समय कविता का सस्वर पारायण हमारी नैतिक उर्जस्विता बढ़ाता है। शायद इसी कारण सिविल राइट्स मूवमेंट से लेकर अश्वेत आन्दोलन तक पेंग्विन इंडिया एंड हार्पर कॉलिन्स इंडिया ने लगातार सब संकटापन्न देशों की कविताओं के द्विभाषिक अनुवाद छापे और मैं तो समझती हूँ कि भारत जैसे नवस्वतन्त्र देश की अलग-अलग भाषाओं के सब महत्त्वपूर्ण कवियों में मॉडर्निज्म की चेतना जो धीरे-धीरे विकसित हुई, उसमें पेंग्विन से प्रकाशित इस अनुवाद शृंखला की बड़ी भूमिका है।

वाणी प्रकाशन की भारतीय कविता अनुवाद-शृंखला धीरे-धीरे विश्वकविता अनुवाद शृंखला होने की ओर बढ़ेगी, ऐसा मुझे लगता है। पहले तो हम घर में ही खुलकर बोलें—बतियायें, फिर पड़ोस से, उसके बाद पूरे संसार की कविताएँ भारतीय भाषा-घर में आलथी-पालथी मारकर बैठें—तुमुल कोलाहल-कलह में हृदय की बात कर लेने का विराट सिलसिला शुरू हो।

—अनामिका

सुदीप सेन की कविताएँ

'मातृभाषाओं की छिटपुट-सी लालिमा—जाड़े की साँस है गुलाबी!'
'जाड़ा' (सुदीप सेन)

उद्दाम प्रेम या समर्पण या किसी विराट अनुभव का चरम धीरे-धीरे पिघलकर लाल से गुलाबी तो हो ही जाता है; क्योंकि चरम पर टिके रहना इतना आसान नहीं! इसलिए चरम की एक झलक ही सम्भव हो पाती है, फिर वह चरम आँखों में स्मृतियों के रंग भरता हुआ सिर्फ़ वहीं टिका रहता है : 'जित देखौं तित लाल!' लाली स्मृति का हिस्सा हो जाती है। रोकर या अँधेरी रातों में अकेले जागकर लाल हो चुकी आँखों को उस समय वह छिटपुट ही दिखाई देती है—जैसे 'मलमल के कुरते पे छींट लाल-लाल', या हरियाली के बीच कहीं-कहीं खिला फूल का बूटा-पाठ के अवचेतन में उपलाता कोई 'अपोरिया'! जहाँ लालिमा की छींट पड़ती है, वह रंग कितना भी फीका हो-एक अलग तरह के सौन्दर्य से दमक उठता है!

तो लालिमा का 'चरम' अपने भीतर अखण्ड भाव से धारण करने की क्षमता भले ही हम विकसित न कर पाये हों; पर उसकी छींट भी हमारे भीतर के फीके एहसासों को चटक कर जाती है—उसे एक नये परिप्रेक्ष्य में, नये अर्थों में उजागर कर जाती है, जाड़े की गुलाबी धूप का एहसास भर जाती है हमारी साँसों में! मातृभाषाओं को मेघाच्छन्न आकाश में छिटकती सूर्य की लालिमा का गौरव देना रामानुजन, अरुण कोलटकर, दिलीप चित्रे, सुदीप सेन जैसे कवियों के लिए ही सम्भव था जो अंग्रेज़ी में लिखते हुए भी मातृभाषा से लगातार जुड़े रहे।

जिनकी दो पंक्तियों की व्याख्या में मुझे दो पृष्ठ लिखने पड़े—उन सुदीप सेन के बारे में मैंने अपने हिन्दू कॉलेज के समय से सुन रखा था कि इन्हें इनलैक्स स्कॉलरशिप मिली है और ये इसी हिन्दू कॉलेज के मेधावी छात्र थे, पर इनसे मुलाकात साहित्य अकादेमी में एक 'यंग राइटर्स वर्कशॉप' में हुई—तब जब 'भूमण्डलीकरण' का नगाड़ा बज चुका था और कम से कम आभासी दुनिया में, इंटरनेट की दुनिया में भाषाओं और संस्कृतियों के बीच की 'शैडो लाइन्स' या 'लाइन ऑफ़ कंट्रोल' धुँधली पड़ रही थी! वैयक्तिक जीवन में भी यह मेरे लिए नये क्षितिजों के अनावरण का समय था। उन्नयन मेरे गर्भ में था—तीन-चार महीने का—जब मैंने इस वर्कशॉप में गुरु-गम्भीर सुदीप सेन की एक कविता सुनी जिसमें गर्भस्थ शिशु को 'इन्वर्टेड कॉमा' कहा गया था!

दोपहर का खाना साहित्य अकादेमी में जैसा मिलता है, उसके बाद नींद का एक झोंका आ जाये—यह सहज सम्भाव्य है। मैं मज़े में बैठी ऊँघ रही होऊँगी जब अचानक यह कविता मुझे झकझोर गयी! अंग्रेज़ी में कहूँ तो 'it did make me sit up'। मेरी कल्पना को बल मिला! आँचल के नीचे चुपके से हाथ घुसाकर मैंने अपना गर्भ सहलाया और मन-ही-मन अपने अजन्मे शिशु से कहा—"तुम मेरे जीवन का उद्धरण कोष्ठक भी हो और सृष्टि की किताब से उठाया सबसे पवित्र उद्धरण भी! तुम्हें मैं मनोयोग से बार-बार पढ़ूँगी तो मेरे भीतर की सब जकड़नें खुल जाएँगी! तुम सृष्टि का सुन्दरतम सन्देश हो मेरे लिए!" मनमोदक लूटते हुए मैंने यह भी कल्पना की कि मेरा शिशु मेरे भीतर नन्हे-नन्हे ओठ स्पन्दित कर मुस्कुरा रहा है!

तो ऐसी है सुदीप की कविता! एक सिलसिला कायम करती है! स्मृतियों का रेला! कुछ स्मृतियाँ जो अनुभवप्रसूत हैं, कुछ पठन-पाठन, अध्ययन-मनन से अर्जित अर्थात् अन्तःपाठीय। बहुतेरी कविताएँ तो पसन्दीदा कवियों की बीज-पंक्तियों से अन्तरंग संवाद के क्रम में फूटती हैं जैसे पर्वत से नदी फूटे। कहीं-कहीं उद्धरण कंदीलों की तरह टँगे रहते हैं और उनके मद्धिम प्रकाश में अपनी कोई अनुभूति क्षण-चित्रों में

उजागर करते हैं सुदीप, जैसे कोई दीप जलाता है! एक-पर-एक कई दीवट नहीं, एक पंचमुखी दीया-सुदीप! उनकी कविता का यह नियोक्लासिक रंग एक अलग तरह का 'ध्वन्यार्थ-प्रकाश' विकसित करता है। एक ज़िम्मेदार कवि हैं सुदीप– एक-एक अक्षर, एक-एक विराम चिन्ह, के औचित्य पर मनन करते चलने वाले, जोगी-भाव में रहने वाले–

'हबकि न बोलिब, थपकि न चलिब,
धीरे रखिब पाँव।'

उनकी शुरूआती प्रेम-कविताएँ उनकी रूमानी उच्छलता की झलक तो देती हैं, पर वहाँ भी शिल्प की सँभाल है! साँस साधने की कला उनको पहले भी आती थी, पर पिछले बीस वर्षों में जो उन्होंने लिखा, उसका अर्थगौरव गहनतर है क्योंकि इस बीच दुःख के सब रंग आत्मसात किये उन्होंने और क़रीब से जानने वालों के लिए 'डिग्निफायड सफरिंग' का उत्कट उदाहरण बन वे सामने आये।

जिनका आरम्भिक जीवन कई तरह की जाज्वल्यमान सफलताओं से भूषित होता है, वे समकालीनों का 'प्रीतिघृणा समवेत' (लव-हेट रिलेशनशिप) झेलने को विवश होते हैं। इसकी प्रतिक्रिया में एक गहन अकेलापन चित्त पर क़ाबिज़ हो जाता है और जब वे संश्लिश्ट ऐन्द्रिक अनुभूतियों वाली प्रेम कविताएँ लिखने लगें तो उनकी छवि उस रोमांटिक वैग्रेंट की हो जाती है जिसके चित्र वैनगॉग ने लगातार खींचे–

मैं खड़ा हूँ, चाहता–
        अस्थि की निचाटता
कामना का धुँधलका,
                        वह सपना,
वह गीलापन, वह नमकीनियत, वह स्याही,
और   उसकी त्वचा का निचला हिस्सा।

(समर्पण)

× × ×

कोई अन्त यहाँ नहीं—
आरम्भ केवल—
अनमोल उद्गम—
पारभासक स्वेदकण,
उसके कॉलरबोन पर बैठा
गिरने को उद्यत। (समर्पण)

इन आरम्भिक प्रेम कविताओं के बाद एक गहन चुप्पी-सी घिर आती है। जैसे ब्लेक के 'द सॉन्ग्स ऑफ़ इनोसेंस' की वर्णवीथिका (कलरस्कीम) और उसका नादोच्चार (साउण्ड-स्पेक्ट्रम) 'सॉन्ग्स ऑफ़ एक्सपीरिएंस' से एकदम अलग उभर आते हैं, सुदीप के यहाँ भी आरम्भिक कविताओं की रंगवीथि और उनका ध्वनि-संयोजन बाद की कविताओं से साफ़ अलग है :

'मेरी खोयी याददाश्त/सफ़ेद जगी हुई/अब बदलती है/वर्ण परिवर्तन को तैयार'! मोहभंग का एक विकट धुँधलका है जिसके बाद अचानक चारों दिशाओं से काले बादल घिर आते है। बारिश थमने का नाम नहीं लेती, समुद्र के किनारों पर भग्न पोतों का जंगाता मलबा जमा रहता है, तरह-तरह के बन्दरगाह, तरह-तरह के पड़ाव और लगातार बदलते दृश्यबंध, दोस्त-परिचितों के घर अस्थायी निवास :

एक यहूदी फ़िरण्ट—
इतिहास की वह जगह

बिम्ब की तरह कूटबद्ध। (प्रवासी)

× × ×

पिलछौंह नीले आकाश के पार उड़ती हैं चिड़ियाँ
काढ़ती हुई कट-कुट एक साँचा पालि में—

पूर्णता क्या है? क्या वह कुलयोग नहीं
छनी हुई इकाइयों का, इकाइयाँ जो हम चुनते हैं (साँचा)

कुछ मोहभंग वैयक्तिक जीवन के, कुछ सामाजिक और राजनीतिक जीवन के...उसके बाद जीवन में धीरे से बुद्ध का प्रवेश-यह हमारे यहाँ बहुत कवियों के साथ हुआ, पर कवि चूँकि कवि थे, उनका वैराग्य कभी पूर्ण न हुआ, राग की, जीवन की पक्षधरता बनी रही, भारतेन्दु की तरह वे यही कहते रहे—'मरनेहुँ पर अँखियाँ खुली ही रह जायेंगी'—

'मैं जीता हूँ बुद्ध की भाँति, पलकें झपकाये बिना
निर्वाण किसी और का मुझ पर थोपा हुआ।
कुछ चीज़ें जिन पर था मुझको विश्वास—
मेरे चयन ने परे हैं—चयन एक ऐसा विकल्प, उपलब्ध नहीं जो मुझे।'

'टु बी ऑर नॉट टु बी', यथार्थ-बोध और आदर्शों के बीच की वही कशमकश!

आदर्श हैं मेरी स्मृतियों में
स्कूल के दिनों के
आरम्भिक पाठों से—

ऐसे जैसे चीज़ों को
होना चाहिए
किन्तु वे होती नहीं।

यही आदर्श इन्हें जड़ों से जोड़े रखता है, अपनी बांग्ला से, अपने प्रिय कवि जीवनावन्द दास से, बंगाल की बारिश से जो उन्हें नये सिरे से सींचती है, उनमें नये स्पन्दन भरती है, जैसे बन्दरगाह पर पड़े भग्न पोतों के जंगाते मलबे के बीच कहीं कोई हरी लतर फूट पड़े! शिउली फूल, मलमल की साड़ी का सुनहरा चौकोर आदि मोटिफ उन्हें पूर्वी बंगाल के नैतिक भूगोल से जोड़ते हैं—महाश्वेता देवी, ऋत्विक घटक आदि की गहन ऐन्द्रियता से, तो विदेश और परदेस में मैथ्यू आर्नल्ड का 'स्कॉलर जिप्सी' बने रहने की नियति उनकी कविता में बाउल संगीत का मदिर वैराग्य भी भरती है। जैसे राजाराव की अंग्रेज़ी में कन्नड़ झमाझम बरसती है, सुदीप सेन की अंग्रेज़ी में बांग्ला की गहनतम स्मृतियाँ :

'बारशा कहलाती है
बारिश यहाँ और एक
अतुलनीय गँजू है इसकी–
मग्न, वजनदार, सोचती हुई-सी
कच्ची पर हरदम विशिष्ट और शालीन'

—बंगाल की बारिश

दीदू, माँ, बाबा, दादू, विजयदशमी पर लिखी इनकी कविताओं और प्राणप्रिय बेटे आर्या को निवेदित 'कारगिल' आदि कविताओं में बुखार, बीमारी, युद्ध के बीच अचानक गँजूती अजान की आवाज़, गिरजाघर की घंटियों की, शंख की आवाज एक तरह की एपिफनी रचती है! अपनी अनन्त और अगाध भटकन के दिनों में काबे के पत्थर और लद्दाख की 'प्रार्थना पताकाओं के बहाने वे 'सब्लिमिटी' का एक ऐसा समकालीन पाठ रचते हैं जिसकी स्मृति देर तक बनी रहती है। पिकासो की पेंटिग्स से लेकर हमारे बचपन के दिनों की 'ऐब्बेसडर गाड़ी' को एक नया अर्थ-गौरव देने वाले सुदीप अरुन्धती सुब्रमण्यम, रंजीत हसकोटे आदि कवियों की तरह भारतीय चिन्तन-परम्परा और जनजीवन की सांद्र अनुगूँजों से भरी हुई जैसी अन्तः पाठीय कविता लिख रहे हैं, वह उन्हें उनसे पहले की भारतीय अंग्रेज़ी कविता से एकदम अलग पहचान देती है, और यह पहचान मुख्यतः उनकी विशिष्ट कथन भंगिमा से ही निर्धारित होती है। कविता अलग तरह की कौंध में दमकती वहीं है जहाँ कथ्य शिल्प में परावर्तित हो जाए और पर्सनल-पोलिटिकल, कॉस्मिक-कॉमनप्लेस, शहराती-गंवई, पुरबिया और पछाँह आपस के सारे पदानुक्रम तोड़ते हुए ऐसे गले मिल जायें कि 'मौन मधु हो जाये', 'चिरपरिचित' का एक निहायत अपरिचित आयाम झक से उजागर हो जाये गहन स्मृतियों में, एक नैसर्गिक भोलापन फूल की तरह चटक जाए आपकी हड्डियों में, जैसे सुदीप में चटकी जब विदेश में कहीं उन्हें एम्बेसडर गाड़ी दीखी और उनमें कामना जगी कि–"मैं रहने लगूँ/इसकी खोल में/बंगाली चाल/नेहिल/भली/गोल और प्रशान्त।"

एक ऐसे समय में जब हमारे पाँवों के नीचे की ज़मीन भी बहने लगी है और हमारी अस्मिताएँ भी, सुदीप की ये कविताएँ उस 'स्थायी पते' की तरह झिलमिलाती हैं, हर आवेदन-पत्र में जिसकी उपस्थिति अभी तक बनी रहती है और शायद हमेशा बनी रहेगी क्योंकि जाने को कोई और जगह न बचे जो अपने भीतर तो लौटा जा सकता है। यह एक द्वार है तो कभी बन्द नहीं होता।

अन्त में एक और महत्वपूर्ण तथ्य। सुदीप बहुत अच्छे फोटोग्राफर भी हैं, इसलिए उनके बिम्ब दसों आयाम में उजागर हो जाते हैं। विश्वयुद्ध के ज़माने में कैमरे का प्रयोग पहले-पहल फ़ोटो-जर्नलिज़्म में हुआ। युद्धभूमि के भी भयावह दृश्य युद्ध-बन्दियों की तरह 'कैप्चर' किये जाने लगे और 'कैमरे' के लिए 'शूट' शब्द का प्रयोग बन्दूक की प्रतिपक्षी कार्रवाई के रूप में होने लगा। जीवन की युद्धभूमि और प्रेम की 'लीलाभूमि'–दोनों के अन्तरंग चित्र खींचती सुदीप की कलम 'हाइपिक्सल' के एक कैमरे के रूप में भी याद की जा सकती है।

सुदीप सेन अपनी पीढ़ी के उन थोड़े-से कवियों में हैं जिन्हें अन्तरराष्ट्रीय क्षितिज पर सराहा गया है–कई नोबेल लॉरिएट्स इनकी कविता पर बोले हैं और कई विदेशी जरनलों न सिर्फ़ इनकी कविताएँ बल्कि इनकी काव्य-समीक्षाएँ भी पर्याप्त स्पेस देकर छापी हैं। यह एक वस्तुगत तथ्य है जिसके कारणों की पड़ताल होनी चाहिए।

सुदीप सेन ने बचपन से लेकर अब तक लगातार कविताएँ ही ओढ़ी-बिछाई हैं। दुनिया की हर भाषा की श्रेष्ठ कविता से इनकी अन्तरंग गपशप हुई हैं।–जीवनानन्द से लेकर डॉम मॉरिस और डेरेक वॉलकॉट तक की कविताएँ इनकी कल्पना की स्थायी नागरिक रही हैं, इनकी चिरन्तन सहेलियाँ। ऐसे समधीत, कवितामग्न प्राणी की कविताएँ सन्दर्भशासित तो होंगी, पर कमाल की बात यह है कि अपनी पाँचों इन्द्रियों से गुजरकर इनका स्वाध्याय इनकी अपनी अनुभूति का अभिन्न हिस्सा बन जाता है। कम होते हैं ऐसे कवि जिनका ज्ञान महीन होकर रक्तधार में अनुस्यूत हो जाये और दूसरे की पेण्टिंग्स, उसका संगीत,

उसका लिखा-सुना हुआ कोई प्रसंग उनके अपने 'अनुभूत' में अतुस्यूत यानी दोनों एक सार हो जायें—चन्दन पानी की तरह। पिकासों की पेण्टिंग्ज़ या लीला या मोजार्ट के संगीत या दूसरे कवियों की कविताओं से 'टेक ऑफ' करने वाली इनकी कविताओं के अनुवाद के समय एक दुविधा मुझे यह हुई कि हिन्दी-पट्टी के पाठकों के लिए मैं लम्बी फुटनोटिंग करूँ कि नहीं। करूँ तो कविता में बरगद की ढाढ़ें निकल आयेंगी। फिर याद आया कि गूगल बाबा ही बरगद बाबा का काम कर देंगे अब तो—कोई पाठक चाहे तो 'मूल कृति' का आस्वाद वहीं देख सकता है, पर उसके बिना भी कविताएँ बरगद के नीचे बैठे योगियों-सी ध्यानस्थ बैठी अच्छी लगेंगी—किसी अज्ञात लोक तक ले जाती हुई-सी, ऐसे 'अज्ञात' तक जो 'ज्ञात लोक' की विडम्बनाएँ समझने की दृष्टि विकसित करे।

प्रेम, मृत्यु, बिछोह और अस्तित्व के गहरे सवालों से टकराने वाली सुदीप की कविता महीन अर्थों में राजनीतिक भी है—अपने देश-काल की विडम्बनाओं के प्रति लगातार सजग-- 'प्रार्थना पताका' की तरह ये लद्दाख की पहाड़ियों के महाशून्य में भी टँगी हों तो भी मानवीय कामनाओं के रंग से अछूती नहीं हैं। झंझावात इन प्रार्थना-पताकाओं में एक खास तरह की तड़प भरते हैं। इनमें करुणा है, लोच है। ये रह-रहकर आबादी की ओर झुकती हैं, हरदम आकाश में टँगी नहीं रहतीं—*ऐम्बेसेडर गाड़ी, शिडली के फूल, कारगिल, गाज़ा पट्टी, हिरोशिमा, रेलवे स्टेशन, दादू, माँ*—सबका हृदय-प्रदेश इनकी अपनी कविता का अनाहत चक्र स्पंदित रखता है।, अनुवाद में भी यह स्पंदित रहे—इसकी कोशिश मैंने लगातार की है। सफल कितनी हुई हूँ, यह पाठक बताएँगे।

—अनामिका

चलते-चलते

प्रायः 25 वर्षों तक जब-जब जो कविताएँ मेरी मेज पर आयीं, अलग-अलग शेड्स की थीं जैसे अलग-अलग रंग-रुतबे वाले फूल अलग-अलग गुच्छों में आपके गुलदान में सजने आयें। पहले पाठ में कोई कविता गुलदान में सजा फूल ही होती है और उसे एक खास तरह की दूरी से निहारते हैं। दूसरे-तीसरे पाठ, खासकर अनुवाद के लिए किये गये अन्तरंग पारायण इत्रसाज़ की भूमिका में आपको ला खड़ा करते हैं। कविताओं का 'एसेंस', उनका रस, उनकी खुशबू आपको खूबसूरत शीशियों में सँभाल-सँभालकर रखनी होती है। इत्रसाज़ी एक पूरा अनुष्ठान है जो कठिन अनुशासन की माँग करता है।

सबसे पहली समस्या तो चयन की आती है—आपके भाषा-घर में कौन-सा इत्र लोगों में ताजादम होने का एहसास भरेगा, चयन में इस बात का ध्यान रखा जाना जरूरी है। आलोचनात्मक प्रज्ञा अनुवादक में इसलिए भी चाहिए कि अपनी भाषा की प्रकृति के अनुकूल उसे कुछ सांस्कृतिक पर्याय भी जुटाने होते हैं, वाक्य-बंध तोड़ने-फोड़ने होते हैं। और सन्दर्भ-गर्भत्व के बावजूद कविता हल्के पाँवों से चले बल्कि उड़े नये भाषिक परिदृश्य में भी—इसके इन्तजाम करने होते हैं। ज्ञान का बोझ नहीं ढोती कविता क्योंकि कविता में ज्ञान-संज्ञान बन जाता है, और कहीं-कहीं कुछ संदर्भशासित प्रसंग हों भी तो उन्हें उसी लय में मजे-मजे से ढो लेते हैं अनुवादक जिसमें कहार पालथी में बैठी बालिका वधू का 'लघुभार' ढोते होंगे कभी। मैं ऐसी अनुवादक हूँ कि नहीं जानती, पर कोशिश प्राणपन से की है!

—अनामिका

कवि का वक्तव्य

1990 में मैं और अनामिका मिले थे। एक 'इण्डो अमरीकन राइटर्स वर्कशॉप' साहित्य अकादेमी ने सभी भाषाओं के युवा लेखकों के लिए आयोजित कराया था। अमरीका के प्रसिद्ध कवि और सम्पादक, डेविड लेहमैन के सुखद सान्निध्य में यह कार्यशाला हुई थी जहाँ एक-दूसरे की कविता का मूल तत्त्व पहचानने का सिलसिला शुरू हुआ और पारस्परिक अनुवाद का सिलसिला भी!

तब हमने जीवन शुरू ही किया था, अब 'स्रवन समीप भए सित केसा' की स्थिति है। एक-दूसरे की कविता में जीवन-जगत् की कई विडम्बनाएँ हमने पहचानी हैं और आनुवादिक गपशप के कई रंग भी टटोले हैं। भवभूति ने 'विपुल पृथ्वी' पर कभी-न-कभी, कहीं-न-कहीं समानधर्मी वाला सखा-भाव जगने की सम्भावना जो रेखांकित की, अगर समकाल में ही घटित हो जाये तो ही अनुवाद सार्थक होता है। मेरे इतने लम्बे अनुभव का निचोड़ यही है!

–सुदीप सेन

II - 1
चयनित कविताएँ

फ्रैक्टल्स से (2016)

जाड़ा

लाल कुशन पर आराम से लेटा
        रंग गुलाबी, धार की तरह बहता सुनहरा

सिन्दूरी लाल छिटकता हुआ हृदय के भीतर।
        चमड़े की चौड़ी पट्टी ध्यान रखती है वक़्त का

बाँटती अलग-अलग घण्टे
        अलग-अलग चक्रों में,

अनभिज्ञ उस व्याकरण से जो
        आशय की बात कहता है।

कभी-कभी की गुफ-वुफ, खर्राटे
        दूरस्थ दो कुत्तों के

किसी बहुत ठण्डी-सी रात में
        खौलता द्वन्द्वग्रस्त कुहरा

नयी पौध करती है इन्तज़ार एक नयी ऊष्मा का—
        बढ़ने और परिपक्व होने की ख़ातिर।

बेंत की पुरानी आराम कुर्सी पर
कविता प्रशान्ति के लिए—बुनी हुई

पाठ आराम कायम रखते।
अधीरता कामना की

सुलझने नहीं देती समीकरण,
भारी, पारभासक, भापदार,

मातृभाषाओं की छिटपुट-सी लालिमा—
जाड़े की साँस है गुलाबी।

Winter (F- 27)

समर्पण

करुणा सुरा, गीति और रुधिर की।

चिट्ठियाँ छोड़ी गयीं मेरी ख़ातिर—
नन्हे रहस्य, शुभाशंसाएँ,
स्वर-लिपियाँ उत्कीर्ण नीले और बैंगनी भूर्जपत्रों पर
अधरायित, जिह्वायित, उदरायित होने को लालायित।

रह जाता है सिर्फ़ सार—
लसलसाहट उसकी, उसका रस और स्मृति।

निष्कण्टक युगलबन्धन—
और वन्य आवेग—
अस्थियों की निचाटता और गीलापन
सागर का
खुरदुरापन पन्नों का और मसृणता इरेडियम निब की।

कोशिश करता हूँ मैं खींच देने की एक बहुत-लम्बी-सी रेखा

और पसर जाती है स्याही—
इस पंक्ति के रैखिक किनारे हो जाते हैं
गड्डमड्ड—

नस-सूत्रों की तरह बिल्कुल विक्षिप्त,
नाचते-घुमड़ते
ऊष्ण कटिबन्धों में देह की।
खुलते हुए धागे—
हर पेशी तनी हुई प्रत्याशा में नमी की,
एक दूसरी देह की।

कोई अन्त यहाँ नहीं—
आरम्भ केवल—
अनमोल उद्गम—
पारभासक स्वेदकण,
उसके कॉलरबोन पर बैठा
गिरने को उद्यत।
लुढ़का हुआ अचानक वीथियों में,
उद्यत सोख जाने को सारी नमी—

धड़कनें ये बदल देती हैं
आकृतियाँ वर्तुलों की—
ये बदलती चलती हैं अपने अक्ष और रंग अपने—
खिसकाती चलती हैं अपने गुरुत्व-केन्द्र—

उस अन्य को निरन्तर छलती।

मैं खड़ा हूँ, चाहता—
अस्थि की निचाटता
कामना का धुँधलका,
वह सपना,
वह गीलापन, वह नमकीनियत, वह स्याही,
और उसकी त्वचा का निचला हिस्सा।

Offering (F-248)

वरण

एक साँस खींचता हुआ हरेक
वाक्य पर, खींचता हुआ करीब हर शब्द
–जेम्स हॉच, 'ड्राफ्ट' (मिसक्रिएण्ट्स में)

1.

कुछ चीज़ें, मैं जानता था,
वरण के परे थीं–

मुरझाते-से दीदू-दादी–
कैंसर की अन्तिम परिचर्या में

मामाजी की रहस्यमय अनुपस्थिति
स्पन्दित वेण्टीलेटर, काट लिए गये
आहिस्ता, अस्पताल के ... धुँधले अँधियारे में–

कुछ दोस्तों की काटती हुई चुप्पी–अव्याख्यायित–
वादों से घिरी हुई वफ़ादारियाँ फ़ायदों की ख़ातिर घुल जाती
छोड़ती हुई लम्बी, परिचित उपस्थितियाँ विश्वास की–

ईर्ष्यालु हृदय पत्नी का, ग़लतफ़हमियाँ उगाह रहे ई-मेल
सतर्कता से छुपकर हैक किये गये–

उसके नाख़ून नोंचकर फेंकती
अनबनी कविताएँ, ख़ूनमख़ून, घायल–
डायरी में पन्ने निःशब्द रोते हुए–
गर्भपात मेरे बच्चों का, श्वासमुक्त सदा के लिए।

2.

ये काम हैं जो कि मंचित हो जाते हैं ख़ुद ही–
नहीं होते मेरी तरह से
विवश

विचित्र प्रेम, यह–*एक बचाव*
डॉक्टरों-नर्सों वाला।

मैं जीता हूँ बुद्ध की भाँति, पलकें झपकाये बिना,
सुन्न मुस्कान की तस्वीर
जो कि तकलीफ़ें बटोरती है
या फिर होती है तकलीफ़ के परे–
निर्वाण किसी और का मुझ पर थोपा हुआ।

कुछ चीज़ें
जिनपर था मुझको विश्वास–
मेरे चयन के परे हैं–
चयन एक ऐसा विकल्प, उपलब्ध नहीं जो मुझे।

Choice (F-28)

भूमध्यसागर

1.

एक नाव चमाचम लाल
पीली शिमलामिर्च

जाल नीले
जोगिया लाल दीवारें क़िले की

2.

रेशमी कंचुकी सहर की
सुनहरी और पारदर्शक

उसकी गाढ़ी काली
कजरारी बरौनियाँ

3.

सड़क के किसी बच्चे की
भूरी मुट्ठियाँ

इन्द्रधनुष जकड़े हुई
नन्ही गिरफ़्त में

4.

मेरी खोयी याददाश्त
सफ़ेद–जमी हुई

अब पिघलती है, रंग
परावर्तन को तैयार

Mediterranean (F-25)

एलैक्ज़ैड्रिया, इज़िप्ट।

साँचा

पिलछौंह नीले आकाश के पार उड़ती हैं चिड़ियाँ
काढ़ती हुई कट-कुट एक साँचा पालि में—

एक जिह्वा अब सुन्दर ढंग से शास्त्रीय
मन्दिरमुखी भरतनाट्यम-सरीखी।

दूसरे बग़ीचे में बातचीत
होती *नहीं वसन्त* में केवल। फिर भी

तिरछी नज़र से तुम घूर रही हो *कविता बतियाती*
मौन, मुद्रा का है बाँकपन कोई

जैसे किसी फ़िल्मायित कथा का कोई दृश्य—
सम्पादित होकर फिट होना हो जिसको बृहत्तर कथा में।

पूर्णता क्या है? क्या वह कुलयोग नहीं
छनी हुई इकाइयों का, इकाइयाँ जो हम चुनते हैं

सावधानी से उद्घाटित कच्चे तने जैसे—
लाल प्रकाश में शासित वे आकृतियाँ

अँधियारे की, अँधियारा जो धीरे-धीरे उद्घाटित करता है,
अन्त में निकलते हैं

घोंसले ताकि रुक जायें काल्पनिक उड़ानें,
और बुनी जाएँ अपनी कथाएँ झेलती हुई

हवा, लहरें और तत्त्व
छद्मवेश के। *उपवन के वे जुगनू*

संख्यायित पीढ़ियों के नहीं–
वे चमकते हैं तो बस इसलिए कि पंक्ति टूटे

जैसे वर्णन रखते हैं जीवित *पावनता*–
रहस्यपूरित, अनुशासित, स्वतःस्फूर्त।

गोपनीय रस्तों में उड़ने दो चिड़ियों को,
नाचने दो नर्तक को बिल्कुल उन्मुक्त,

लिखने दो कवियों को जी खोलकर
साँस की तरह।

बुने गये साँचे खुल सकते हैं–
अपूर्णान्वय, अदृश्य राहों की मानिन्द

बीजगणितीय आकृतियों में बुन दो हमें वापस
जैसे कि बुन सकते हैं केवल हृदय और कल्पना

चलती है वह साहियों की तरह जैसे तुम–
और सुनती है सागर की आवाज़ें किसी शंख में।

Matrix (F-40)

निलम्बित धूल

दो बरछियाँ
धूप की

काटती हैं
कमरे को

परिभाषित
दोहरी सड़क

रुपहली
धूप की

उपलाती है,
निलम्बित

घनी,
स्थिर हवा में।

बाहर दहाड़ रहा है
यातायात

भीतर
        घड़ी टिक्-टिक्

अच्छी
        नीयत की

नियमितता
        बिल्कुल अलग

अस्त-व्यस्त
        धूल-कणों-सी

तैरती है
        निरुद्देश्य।

तिरछे, सुनिश्चित
        स्तम्भ

भटकी हुई मधुमक्खी
        गुनगुन करती

खिड़की-पार,
        खिड़की बस यों ही

उढ़काई-अन्यमनस्क
        कि दिखाती रहे

यह तमाशा,
        उसके महीन डंक

हर कण
उठाते

जो राह में
यों ही मिल जाते—

पारभासक
पंख उसमें

प्रकाश में विपक्षी
छानते हैं

विशिष्टताएँ
सामान्यता से

कि बात बने
कुछ तो!

मेरी अपनी
नज़र

भारी पलकों में
गिरफ़्तार

ढूँढ़ निकालती है
सूक्ष्म सौन्दर्य

परमाणुओं का
आण्विक

भार
        भारहीन

क्योंकि स्पेस में
        हवा है

बरसात के बाद वाली
        हवा-सी हलकी।

पीली पड़ती
        रोशनी शाम की,

गुच्छा
        रुपहले कणों का

छुपता जाता
        हालाँकि जीवित है

उपस्थिति उसकी—
        एक फुसफुसाहट-सी।

Suspended Articles (F-262)

अल्माया, जाफ़ा

मैं अपने दरवाज़े चाहता हूँ खुला रखना
यह मरुथल में बैठने जैसा है—

स्टूडियो की मेहराबी छत की उन राहती खरों के नीचे
छत का रोगन छूटता है, और उतरते हैं चकत्ते सफ़ेद
अदृश्य आवाज़ें गूँजती हैं—
ओचूडी और वायलिन, और एक अकेली आवाज़—मरुथली।

बाहर समुद्र उठाता है अपनी लहरें
समताल में। भीतर है एक लाल कम्बल
ईरानी, गजबज-सा रंगमंच—
बीत गयी संगीतमाला का,

शाम की चाय के लिए क़ेतली, ईरानी मिठाइयाँ,
बोतलें तरह-तरह की और कुर्सियाँ—
बेमेल कुर्सियाँ कई—
अलग कबीलों की।

मैं चाहता हूँ दरवाज़े खुला रखना—
यह मरुथल में बैठने-जैसा है—

'दो ज्वलन्त प्रेम जला लेंगे तुम्हें',
तुम कहते हो। एक जापानी लड़की
जिसने तुम्हें 'वोमाड* कंसर्ट' में
सुना था, डगमगाती है ऑस्ट्रेलिया में

तुम्हारे दरवाज़े के पार, रुकती है फिर
झाँकती है अन्दर, क्या वह तुम हो—
अपने दरवाज़े के पोस्टर पर,
पूछती है वह, तुम विनय से सिर हिलाते हो

शान्त बाँके रंग में।
'अल्माया'—तुम्हारे विस्तार का नाम—
नामकरण होता है उसी समय—'ब्रह्माण्ड
जो पानियों को लगाये गले।'

मैं अपने दरवाज़े चाहता हूँ खुला रखना—
यह मरुथल में बैठने-जैसा है—

मरुथल का ठहराव,
सागर की हलचल,
शुरुआती सीटी हवाओं की
घहराते तूफ़ान के पहले,

बेदोइन की लम्बी चीख,
भाई का झिझकता आलिंगन—
हाथ का बुना मक्खन-रंगी-पशमीना—
आयाम तात्त्विक कहानी के।

---

*वोमाड : अन्तरराष्ट्रीय कला-संगीत महोत्सव।

मैं अपने दरवाज़े चाहता हूँ खुला रखना—
यह मरुथल में बैठने-जैसा है।

Almaya, Jaffa (F-226)

प्रवासी

एक चलन्त पाठ के साथ
चलता हूँ–

एक यहूदी फिरण्ट–
इतिहास की वह जगह

बिम्ब की तरह कूटबद्ध।
लगता है

घड़ीसाज के अड्डे
पर हूँ,

दीवार-घड़ियों से
भरे हुए कमरे में–

कोई सुरताल नहीं।
एक जंगल-सा मशीनों का–

स्लाइड शो
और बवण्डर घड़ी-ढाँचों के,

यान्त्रिक गुर्राहट
　　अभ्यस्त

मतिभ्रम की दुर्घटना से।
　　आकृतिहीन, घुमावदार

इस सुरंग में
　　घर मुझको लगता है

धुँधला-सा कोई भी घेरा।
　　यहाँ कोई

मेरी क़लम
　　नहीं पहचानता,

पर मेरे रूपक
　　करते चले जाते हैं गर्भधारण

काली-सफ़ेद इन दीवारों पर
　　जब भी चलता हूँ खर्रा घुमाता—

व्यक्तिगत पाठ—हिब्रूभाषा के,
　　शोकदग्ध, प्रच्छन्न, बिखरे हुए।

Diaspora (F-220)

(डायस्पोरा म्यूज़ियम, तेल अविव)

द वेलिंग वॉल, पुनरागमन

मनुष्य
समानुपातिक नहीं होता!

—श्रेचको कॉसोबेल

1.

अब मैं तुम्हें छूता हूँ धीरे से
पहले की तरह नहीं
ग्यारह बरस पहले की तरह—

उस कामना से नहीं—
कामना विश्वास और शान्ति की
एक निजी प्रार्थना के साथ,

भीतरी शान्ति, ध्यान-मान,
स्थिरता;
माफ़ी और प्यार के लिए।

हाथों के स्पर्श से क्लान्त
जेरूजलम के पत्थर की चमक,
जहाँ सार्वजनिक

निजता में होता तिरोहित,
जहाँ प्रार्थना और आवेग
टकराकर मिलते हैं गले-गले,

जहाँ एक ख़ास तरह की
करुणा बदलती है
किसी दूसरे तेवर में—

जहाँ एक ख़ास तरह का आवेग
एक किसी दूसरे
प्रकार में बदलता है

किसी कामना का प्रकार। यह
समय का आशीर्वाद!
ग्यारह बरस एक पूरा ज़माना है!

2.

जब मैंने फिर से कोशिश की
कि सरका दूँ
कूटभाषा में लिखी चिट्ठी

दरारों में
संधियों में
दीवार की,

मैंने पाया एक और पत्र
नयी वाली चिट्ठी के पीछे
मेरे प्रवेश का प्रतिरोध करता हुआ!

मैंने कुछ ज़ोर लगाया—
        जितना भी जोर लगाया,
उतना असम्भव होता गया यह।

थक-हारकर, अब मैंने कोशिश की
        पुराना काग़ज़ निकाल फेंकने की
जो था अड़ंगा, कामना की राह में

उसको निकालना ज़रूरी था
        कि चरितार्थ हो पायें
मेरी नयी प्रार्थनाएँ—

लेकिन पुराने उन वर्षों की कामना
        प्रतिरोध करती रही
सब-कुछ टिका रहा पुराना।

किसी तरह बाहर निकाला
        वह पुराना काग़ज़ मुड़ा-तुड़ा—
जीर्ण-शीर्ण लगता था वो

पीला
        स्थानीय पत्थर के
धूप-दग्ध गेरुए-सा।

मैंने उसे खोला—
        यह तो वही था
जो मैंने डाला था

ग्यारह बरस पहले।
रक्षा की थी समय ने
स्मृतियों की,

रक्षा की थी मेरी इच्छाओं की।
तब क्या मैं वो ही था
जो अब हूँ?

क्या तब अधिक
निर्दोष थी मेरी भावनाएँ
अब से

जीवन का आवेग
कुछ लोगों की ख़ातिर कभी नहीं चुकता
नया प्यार भी

पुराने प्यार की तरह
सन्तुलित रखता है
पुश्तैनी सच्चाइयाँ।

3.

यहाँ बन्दूक़धारी सिपाही,
तीर्थयात्री, बच्चे
और लोग काले परिधानों में–

बढ़ते हैं आगे
और हटते हैं पीछे–
उनके अक्ष, उनकी कमर–

अनुपात
        जो आरोपित करता है और उठाता है ऊँचा
अपने विश्वास

अनुपात
        मैंने इसकी कामना की थी
लेकिन उम्मीद नहीं कर सकता,

क्योंकि मैं
        कॉसोबेल के मनुष्य की तरह
समानुपातिक नहीं हूँ।

The Wailing Wall, Revisited (F-215)

प्रार्थना की पुकार : गर्मी

ठण्डा मैं जगता हूँ, मैं जो था
समृद्ध-ऊष्मा से, सपनों से
जगता हूँ उनके उच्छिष्ट से घिरा,
पसीने-पसीने, मुट्ठी में भिंची हुई चादर!
—टॉम गन, 'द मैन विथ नाइट स्वेट्ज़'

बाहर का 'अल्ला-हू-अकबर'
सुबह की हवा बेधता—
अभी अँधेरा ही है।

भीतर, बिजली की रोशनी
मेरी ज्वरग्रस्त देह को
देती है ताक़त

मस्जिद की मीनार
दमक रही है प्रार्थना पुकारों से
हर ओर—

कूट सिग्नल जैसे
किसी पुराने
रेडियो के!

वे प्रसारण-मीनारें—
कर रही हैं प्रसारण
ऊष्मा के ख़तरों का बासी हवा में

* * *

एक नग्न देह
आराम से सो रही है
मेरे बगल में—

चेहरे का भोलापन
और उदार मोड़
उसकी बरौनियों के,

चाहते हैं पोंछ देना
मेरी चमड़ी का
अतिरिक्त ताप,

ताप जो कि शीघ्रता से बना रहा है
हड्डियाँ मेरी
पीली और कमज़ोर

* * *

एक संक्षिप्त शब्द 'शून्यता'
फैला है चारों तरफ़ बाहर
मैं सुन नहीं पाता

भारी-भरकम गीत,
अपने उस मदिर छन्द से
जगाने को उद्यत

शान्ति और श्रद्धा।
        झकोर उड़ाते सुर
(और) भरोसा जगाते हुए।

ऐसी चीज़ें मेरी ख़ातिर
        अब तो हैं
कोरा विलास,

लेटा हूँ, करता हुआ
        कोशिश जोड़ने की
एक अराजक संगीत

अपनी (इन)
        नाकाफ़ी साँसों का।
यह एक संघर्ष है।

* * *

यह है रहस्य एक,
        देह की भव्य निर्मिति
का रहस्य

उसकी सुभेद्यता,
        उसका सुचारु संचार–
वे पूर्ण हैं

आदर्श हैं मेरी स्मृतियों में
        स्कूल के दिनों के
आरम्भिक पाठों से–

ऐसे जैसे चीज़ों को
        होना चाहिए
किन्तु वे होती नहीं।

        * * *

केवल अब मैं समझता हूँ
        उद्देश्य
प्रार्थना-मनुहारों का

उनकी वे मोहक 'अभिव्यक्तियाँ'
        मैं मान देता हूँ
उपस्थिति—शालीनता को

उस देह की जो पूरे मन से
        सोयी है पास,
उसकी साँसें

कोशिश करती हैं जोड़ने की फिर से मेरी इच्छा की
        वह चुम्बकीय छाप, और
मेरे हृदय की यह अनियत धक्-धक्।

मेरी दृष्टि भीगी है
        रात के उसके पसीने की
गन्ध से।

फँसी हुई हैं कानों के
        तन्तुपट के भीतर
गोल-गोल घूमती हुई गुन-गुन

अरबी के आवेग की
        जो खोदती है
अपनी वह परवलयिक-सी लिपि

ज़ोर-से गाती हुई–
        ताकि हर वर्ण
अपनी लय में रहे

मिटे—न बदले,
        न गलत सुना
और समझा जाये।

* * *

धर्म का घूँघट
        और शिफॉन
उसकी निरी कालिमा

और पारभासकता,
        उसकी अपनी इच्छा
देने और पाने की,

महत्-सी आकांक्षा उसकी
        नियन्त्रित करने
और सँजोकर रखने की।

वैसे गाने
        कोई मतलब नहीं रखते
मेरे लिए,

यदि उसकी अपनी
शान्ति और निजता
रहे असुरक्षित

या बेचैन
मैं चाहता हूँ
आवेग किसी प्रार्थना का,

ऊष्मा उसकी
जो मेरी बेचैनी
शान्त करे।

मैं चाहता हूँ वो गाना
जो करार दे
मेरी नसों को

ताकि यह तकलीफ़
दब जाये,
आस्था जग पाये।

मैं चाहता हूँ सौन्दर्य [भी]
उस आस्था का [जो]
अपनी ऊष्मा जगाये—

देह का ज्वर नहीं,
ऊष्मा
चिकित्सा की।

* * *

इस समय की ख़ातिर
पारदर्शी यह सन्नाटा
एक बड़ा वरदान है।

यहाँ मैं लगा सकता हूँ हिसाब
अपने ही रक्त- प्रवाह का
ठीक-ठीक रस्ते का,

रक्त-प्रवाह का
उसका अनुमेय
उठना-गिरना ज्चर का,

और यह भी कि
कल्पना को मेरी
कैसे करता है प्रभावित यह।

* * *

क़दम बढ़ाता हूँ मैं
कमरे की
ऊष्ण सुरक्षा के बाहर।

देखता हूँ
सुबह की रोशनी
छटपट,
कमर कस

निकलने को बाहर
रात की
मंजूषा से।

* * *

धमका रही हैं
फिर
मस्जिदें

छीनने को अपने
सदाशय स्वर
हम सबको ख़ुश करने को।

पर दिखाई दे रहे हैं
मुझे बस अँधेरे
और मैं इन्हें सराहता हूँ।

और करता हूँ सराहना
शालीनता और गम्भीरता की
भारी पानी की,

इस रक्त की–
उसकी विचित्र-सी
चिटचिट, क्षणभंगुरता,

बहने,
गढ़ने और फिर से जिला देने के
इसके इन अपने संघर्षों की।

* * *

सन्नाटे की निजता में
पाता हूँ मैं
ठण्डी ऊष्मा

अपनी चमड़ी से
सनातन पसीने से,
उसके तीते किनारों से,

और मेरी अपनी
ईश्वरीय
प्रार्थना-पुकारों से।

* * *

Prayer Call : Heat (F-231)

II - 2
चयनित कविताएँ

लद्दाख से (2012)

कारगिल

दस साल बाद, मैं ढूँढ़ता आया
युद्ध के पुराने निशान
ढेर पत्रिकाओं के,
गोले जो फटे नहीं थे,
बमों के घाव

ढूँढ़ता चला आया
प्रेतों को—
गतप्राण कंकाल चिनके हुए,
छूट गया
ईंट-काष्ठ-सीमेण्ट
जो उनको घर देता था।

बस खुसफुसाहटें सुनाई दीं मुझे—
खुसुर-फुसुर चिल्लो-पों के बीच
छोटे-से क़स्बे के बाहर—
पूरे अवरोध में
रोज़मर्रा के दस कामों के बीच
अभिचित्रित करती हुई बाहरी चिह्न
सामान्यता और जीवन के।

उस हलचल में
ढूँढ़ता हूँ मैं युद्ध-रेख एक दशक पहले के–
हालाँकि वृत्तान्त
मिट्टी में गड़े हुए
लिपटे पुराने अख़बारों में।

विचलन के बीच एक तरतीब–
अज़ान की।
भिक्खु के जय की–
मन्दस्वर
अपने विलगाव
में घुले-मिले।

बस-अड्डे पर
खाँसी काली थकान की
ढँक लेती है धुएँ से सब-कुछ।
सड़कें मिलती हैं
और चौराहे की रीतिबद्धता से
अलग भी जाती हैं–
हुई विभाजित उस विभाजक रेखा से
जो कि रेखांकित नहीं।

रन्ध्रयुक्त माला टूटे रुद्राक्षों की
चढ़ी हुई है टाइगर हिल पर
पार पर्वतों के और अँधेरी यादों के
और पार उनके कोई नहीं जानता जिन्हें,
और पार उनके
जिन्हें नहीं कोई जानना चाहता।

नहीं जानतीं
चिड़ियों की उड़ानें भी
जो कि दरारों पर करती हैं पंखों की छाँव
कौन-से पर वे करें अर्पित।
वे उड़ती हैं, पूर्ण परवलय-सा बनाती।

देखता हूँ ऊपर
और मापता हूँ बाँकपन चापों का
और पाता हूँ बदले में एक भग्न प्रदेय।

Kargil (F-80)

जोजिला पास

12,000 फ़ीट की
गहरी ढलान पर—कठिन बर्फ़
दो भागों में कटी
ख़ूब घुमावदार, कोलतार-पटी हुई सड़कें
—हद से ज़्यादा ठण्डा टुकड़ा
जमता हुआ-सा गतिरोध।

* * *

इधर-उधर भटकती हुई गाड़ी
खुली हुई-सी सुरंग में—
दोनों तरफ़ हैं दीवारें बर्फ़ की—
रेखागणितीय आकृति
प्रतिरोध-सा रचती
डीजल की इस आबनूसी ऊष्मा के ख़िलाफ़

* * *

नीचे की घाटियों में दो याक
आँकते हुए नये रंग
इस अन्धी श्वेतिमा में,
गहते संकेत,

गुनते हुए
कि मौसम कितना बदलेगा।

* * *

विरल हवा में
फेफड़े सिकुड़ते हैं—
मनहर यह श्वासहीनता—
साफ़ हवा कितनी विरल—
इस सख़्त धरती पर अनुगूँजें कर्णकटु।
तीव्रअष्टक।

Zoji La Pass (F-77)

II - 3
चयनित कविताएँ

प्रेयर फ्लैग (2003)

प्रार्थना पताकाएँ

ॐ मणिपद्मे हुं
(कमल-स्थित मणि पर)
—एक तिब्बती मन्त्र

1. मानसरोवर, कैलाश पर्वत

अस्त-व्यस्त लहराती तेज हवाओं में
आहिस्ता खुलती है प्रार्थना-पताका
प्रथम रश्मि का सजग अभिनन्दन।

लेकिन आज की सुबह नहीं चमकीली
चिंतातुर, श्लथ और गाढ़ी रूपहली, कुछ वैसी
झील की चकाचक सतह होती है जैसी

कोई नहीं है यहाँ, एक औरत के सिवा
दूर कहीं देखती है जो
एक अनन्त लिनेन की—गहन पावनता में लिपटी—

यह उसकी साड़ी है
प्रार्थना-पताका सी—
पर उसका रंग नहीं कोई।

व्याकुल नहीं वह, नहीं कर रही है विलाप
देख रही है टकटकी बाँधे
पानी का ढुलमुल चमकीलेपन,

आकाश का भीगा भारीपन जब
तट की चट्टानी रेखा से मिलता है
घुलमिल जाते हैं उनके किनारे

झील के कहीं भीतर।
मैं उसके पीछे खड़ा, वे सारे दृश्य निहारता हुआ
जो उसकी दृष्टि में थे

2. प्रार्थना पताकाएँ

विस्फीत पर्दे के फ्रेम में
औचक
चली आयी थी वह।

लवलीन थी वह कहीं और
और मैं प्रार्थना-पताकाओं के पार
देख रहा था आसमान–

पारभासक कपड़ा
गिनता हुआ एक-एक सूत
एक-एक चिथड़े का।

अलग-अलग गाथाएँ बुनी हुई उनमें
खुसुर-फुसुर कहती थीं कुछ मेरे कानों में।
मौसम की मारी हुई, टँगी हुई

बंकिम बहुस्फीत क्षितिजों पर।
        मैंने रचना चाहा मानचित्र
उनके भूगोलों का—

द्वीप-कुंज—हर द्वीप का अपना विस्तार—
        अलग एक ताना-बाना,
उत्कीर्ण लिपियाँ अलग, अलग आर्षग्रन्थ

धरती के उच्चतम शिखर पर
        निकट आकाश के
यथासम्भव।

जादुई कालीनें
        अलग-अलग आकृतियाँ
एक अलगनी पर अनमनी टँगी—

मेरे लिए थीं वे अर्थवान
        मठ के इस विपुल दृश्य से ज़्यादा

कैसे हर एक पताका ने
        बचा-बचाकर रखे होंगे वे राज़
टाँगने वाले के।

हरेक ताबीज़ से उठ रही थी धुएँ-सी
        एक आश्वस्ति, एक हलकी शान्ति—
ढाँकती हुई सारा अवसाद।

उस क्षण की ख़ातिर जब वह
भूल जाती है सब कुछ—
वास्तविक, और शेष रहते हैं स्वप्न

3. तीर्थाटन

अब मेरा अपना वह लत्ता
जो मैंने इस तार पर टाँगा था
मुझको नहीं दीखता।

दीखे-न-दीखे—क्या फ़र्क़ पड़ता है।
मैंने जुटा ली थी अपने हिस्से की वह ताक़त
इस जुलूस में निजी आवेगों की।

ऊँच-नीच का कलफ नहीं था
प्रार्थना-पताकाओं पर।
बढ़ती जाती थीं कहानियाँ

एक पताका से दूसरी पताका तक—
हाथों-हाथ, युग-दर-युग,
काल-दर-काल, कहानियाँ बढ़ी जाती थीं

मेरी उस पीली-सी पालतू तितली की लय में
जो मेरी छोटी बगीची में
हर फूल को देती जाती थी

जीवन का उपहार
बिना किसी ताम-झाम के मुझे
मुझे है पसन्द

पारदर्शी यह शान्ति यहाँ की—
        और है पसन्द
बीच-बीच में गूँजती सिसकारी हवा की,

तीक्ष्ण तरंग में
        चीरकर निकल जाती सीना
प्रार्थना-पताकाओं का

पाती वरदान
        सधे हुए सुर और लय का
और सर्वशुद्ध मीड़-मूर्च्छना का।

4. एक कमल में बुद्ध

एक स्मृति-भर अब,
        तस्वीर मढ़ी हुई—
अनिर्वचनीय-सा कुछ,

पूरे परिदृश्य की विराटता
        उसका वनैला-सा, खुला-खुला अनछुआपन।
हर कहानी सिलकर

मढ़ी और जड़ी हुई
        मणि की तरह पद्‌म में—
मणि के महीन किनारे

पंखुड़ी के मसृण स्पर्श से सिहरते
तब तक जब तक
उतर नहीं जायें वे नीचे—

गर्भस्थ भ्रूण की तरह,
शीर्षासन में किसी अल्पविराम की तरह,
प्रत्यारोपित मेरी अपनी स्मृति की तरह।

और तब, वैसे ही खिलें,
पंखुड़ियाँ बहिर्मुखी, एक-एक कर खोलते—
हर पताका, हर लड़ी, हर कहानी,

हर निजी अवसाद-आनन्द,
नीरव-सा जाप
पर्वत की मूक हवाओं में।

Prayer Flag (F-90)

देव मुखर्जी की एक तस्वीर से आंशिक रूप से प्रेरित।

II - 4
चयनित कविताएँ

इरो टेक्स्ट (2016)

अनुपस्थितियाँ

हमारा तोषक समुन्दर,
    तुड़ी-मुड़ी चादर इसकी लहरें।
साथ खे रहे हैं हम नाव—पाल खिली पूरी।

लेकिन तुम्हारी अनुपस्थितियाँ
    लंगर में नौकाएँ—
अलग-अलग तट पर।

सपनाता है बिस्तर; कल्पना करता हूँ, गीली
    टूटन, लंगर, ढीला, काटता लहरें,
गुरुत्वाकर्षण और विद्युत

फोटोन छूटते जलाते
    जंगली नमकीन विस्तार
एक ऐतिहासिक इमारत में, कोई कामना

शाश्वत समुद्र-बिस्तर,
    उसकी धक-धक नियन्त्रण के पार
झुलाती हुई पानी, देह, सपने।

Absences (F-108)

चुम्बन

प्रेमविह्वल चुम्बन—
        गन्ध महासागर की मद्धिम—
नमकमुँहा-सा समीर—मनुहारमगन।

Kiss (F-110)

चिपके हुए

साथ लेटे थे हम
    असाध्य, संयुक्त
ठीक वैसे जैसे आकाश
    धरती से अवियुक्त

अनिर्णीत
    क्षितिज से, इसी तरह हम बन गये
विपुल एक अस्फुट
    नियति से।

Glued (F-112)

चरम

एक गुलाब की
    कली के

अधर
    खुलते हैं

देते हुए
    रास्ता—

ओस की
    बूँद को।

Climax (F-111)

आनन्द-गान (Carole)

"एक सफ़ेद फूल-कामना—...रात में। मेरी तरह ही अनिद्रित वह—... क्या देखा उसने बर्फ़ में, वर्णमाना आग की—एकत्र"

कैरोल मासो का 'ऑरोल' मेरी गोदी में। टपकता है आवेग। उसे वहाँ रोकना बहुत मुश्किल। फ़न्तासियों से घिरा, मैं टपकाता हूँ राल-फ़न्टासी में सैफो, कारसन, विण्टरसन, वे प्राचीन तमिल कवि जिन्होंने लिखा प्रेम के विषय में, और वासना के विषय में, कामाध्यात्ममग्न, एक धरातल पर काम और अध्यात्म—'कोई न ऊँचा न नीचा, कोई शर्मिन्दगी नहीं, सिर्फ़ एक आनन्दोत्सव, शुद्ध प्रभा, शुद्ध रक्त, शुद्ध बर्फ़।'

पाठ उनका मेरे चित्त में मचाता है भूकम्प-भस्म कर देता मेरा शरीर- उनके रूपक इतने चोखे कि क़ाबू पाना मुश्किल, उनका आवेग अनन्त। मैं खो जाता हूँ, उन सारे शब्दों से मताया हुआ जो रजत-पर्दे पर एक महीन मीनाकारी करते हैं, पर्दे और कुर्तियाँ जो न पारदर्शी हैं, न पारभासक, दीख उन्हीं को सकते हैं जिन्हें आती है ब्रेललिपि।

लिखते हुए त्वचा पर, पन्ने पर, तकियों पर, चादरों पर, पत्थर पर, लकड़ी पर, धातु पर—कोई मनाही नहीं, कोई माध्यम नहीं अनुपयुक्त, पानी भी नहीं। सिर्फ़ मेरा चित्त सम्पादित करता है और कुछ नहीं। मैं अपने हाथों से बर्बाद कर सकता हूँ शब्द,

रोक लगा सकता हूँ उनपर, किताबें जला सकता हूँ लेकिन कथा-वृत्त और कविताएँ मैं अपनी स्मृति से कभी मिटने नहीं दूँगा। शब्द—हमारा सर्वोत्तम उपहार, हमारी इकलौती शक्ति। स्पर्शप्रवण कार्य, यह लिखना। रँगना। यह स्वप्न देखता है, यह रोता है।

मेरा शब्दकार एक छोटी-सी पेंण्टिग, एक मौन कलाकार। वह एक दुर्दम्य प्रेमिका, आविष्ट और कठोर, दयालु, भली, स्त्रीसम्मत। वह रहती है 'उत्तम घण्टे' में, मासों में। जादुई है, यह नशीला भी :

"तुम्हारी छुअन का वो अस्पष्ट उच्चारण। उसकी आँखें हिमनील। उसकी छुअन की अफ़ीम। तुम पॉपी की डंठल चूस लेती हो ज़रा ज़्यादा।"

Carole (F-119)

मलमल पर सुनहरे चौखाने

1.

सराहता हूँ मैं मक्खनी रंग का उसका वो टच्च मलमल—वह भरा है सुपरिधानित महिमा से! कहीं-कहीं सूत पर छींटे टुनमुन चौकोर सुनहरे—*ज़री* जो कि बुनी गयी थी हाथ से, पेचीदगी से और प्यार से, दो पीढ़ी पहले।

ये टुनमुन सुनहरे चौकोर कहते हैं कितनी कहानियाँ—अन्तरंग कितने रहस्य इस परिवार के, मातृत्व और दोस्ती के—कहानियाँ जो अब तक छुपी रही थीं खत्ती में—अच्छी तरह से नहायी : माँड़, शालीनता और धैर्य के पदानुक्रम में सुरक्षित।

लेकिन यह साड़ी लिपटी है उस बदन से भी जो अभी यहाँ नहीं है—सच पूछो तो! अगोचर ढंग से उपस्थित और खोयी-खोयी-सी वह, उसने की टिप्पणी "देखो तो घड़ी ज़रा, देर कितनी हो गयी।"

2.

एक ही डायल में दो वक़्त दिखा रही थी वह घड़ी-दो अलग-अलग महादेशों के दो अलग-अलग वक़्त एक साथ! वही समय हम दोनों की ख़ातिर अलग- अलग था! फिर भी हम एक ही कहानी के पात्र थे।

पतले-पतले हाथ, यान्त्रिक पक्केपन से घूमते, भाँप नहीं सकते थे जलती-सी अनियत धड़कनें और फड़कनें नस की मेरे बदन के भीतर! ये हाथ घड़ी के या तो बढ़ते हैं जल्दी-जल्दी या फिर बढ़ते ही नहीं—यही नियति है अपने इतिहास की।

3.

बाहर मैं सुन सकता हूँ हवा को जुटाते हुए ताक़त लहरों के ऊपर—एक तरफ़ तैयार हो रहे हैं भाटे शाम के लिए, ऊँचे, और-और ऊँचे उठ रहे हैं उनके किनारे। हहा रहे हैं वे लगातार फेनायित—हर मुकुट फेन का छोड़ रहा है एक तीक्ष्ण गन्ध—सामुद्रिक वनस्पतियों और नमक की। मुझको नशे में झुलाने के लिए यह बहुत है।

भीतर मैं बैठता हूँ गद्दीदार सोफ़े पर बेंत के—रोकता हुआ साँस! पास की छोटी वाली मेज पर पोर्सिलीन की सफ़ेद लैम्प—मक्खन वाले रंग का कच्चा रेशम, चौड़ी पट्टियाँ उसकी छतरी की। उसके उस समुचित, परम समुचित उत्तर उदर पर चमकीले लाल रंग के कुछ चरित्र, पुते हुए चमचमाचम, जापानी लिपि में उत्कीर्ण।

इतना कुछ छुपा हुआ है एक छोटे-से घेरे में—ज़ेन-सदृश हाइकू का रोब- रुतबा, छुपाता हुआ ज़्यादा, कम-कम ही खोलता—इतनी हलचल में कैसी शान्ति। अधिक दीक्षित लोगों के लिए ये चरित्र हैं प्रतीक ख़ुशियों का कांजी में, और यही गुह्यता उठा लेती है मुझको मेरी उस मित्र की कल्पना से भी परे।

लैम्प-शेड से छनती कम वॉट के बल्ब की वह अयां-सी रोशनी भारी उस टीक पर ज़मीन की—बनाती है एक गोल घेरा—डेढ़ सौ वर्ष पुराने टीक के हल्के-गाढ़े भूरेपन से मिल जाती है ऊदी परिसीमा बाँधे हुए घेरे की।

4.

भारी-भारी गन्ध के साथ घुसती है घर में समुद्री हवा। नींबू रंग की वे दीवारें, उजली छत, इतनी किताबें, काँच और ग्रेनाइट के जंगले, काठ की अगरधत्त निश्चिन्तता और दुनिया-भर की चीज़ें देती हुई झाँकी उस फ़िल्म की जो अभी शूट नहीं हो पायी।

फिर भी सारे चरित्र अपने सब संवादों के साथ तैयार अभी बोल पड़ने को खड़े हुए होंठ किये गोल! मैं भी इस नाटक के भीतर था—एक गौण पात्र—मूक। काट ली गयी थी यह जीभ मेरे इस हृदय की विचित्रताएँ कहने के जुर्म में।

और फिर भी, जानता नहीं था मैं जीने का या अभिनय करने का कोई और रास्ता—वैसा ही करता गया मैं जैसे कि मेरी नसें मुझको कहती गयीं रौ में। इस अनबनी फ़िल्म में, सिद्धहस्त कठपुतलीबाज़ के इतने सारे तार कौशल से छुपा ले गये मेरी वह भीषण पीड़ा जो मेरी उधड़ी हुई पीठ की नस के सिरों पर ठहर गयी हमेशा की ख़ातिर।

5.

कहती है मेरी सहेली कि अव्यक्त संग-साथ के गोदने से गोदे रखना है हमें पूरा जीवन। अगोचर हो सकते हैं गोदने, पर सारी पीड़ा के बावजूद वे गोदे तो जाने ही थे।

तो हमने बुलवा भेजा इस शहर में सबसे बेहतर गोदनेवाला! वह भी थी एक कलाकार, इतनी पतली उँगलियाँ उसकी, उतने ही पतले नाख़ून—जिनके भीतर की समानान्तर धारियाँ ख़ून की देती थीं रंग-अनपुती-सी सतह को। वह थी लघुचित्रों की महत रचयिता, माहिर उड़नछू-सी गुमसुम छवियों में। उसकी आँखों में थी एकाग्रता ऐसी सान-भरी कि देख ले ठीक

से जो तो उड़ जाये सफ़ेद रोशनी की धज्जी—सातों रंगों में।

सारी इस घचपच में मैं उसको दे पाया एक पारभासक सफ़ेद-सी स्याही, उसने मिलाये थे जिसमें धरती के नैसर्गिक रंग! बाकी सब ख़ुद उमग गया—सुन्दर भरा-पूरा, सूक्ष्म और आवेगविह्वल!

6.

मैं सुन सकता था आवाज़ें—दूसरे लोगों की—हलचल, सरर-सरर काग़ज़ की।

"शैतान लगातार मेरे माथे में चक्कर काटा करते हैं।" —दोस्त ने कहा—"और वही घूम रहे हैं, सुना रहे हैं अपनी आवाज़ें।"

यह गहरी पीड़ा, गुपचुप-सी खुसुर-फुसुर पीड़ा—मेरे रुधिर की नदी में—यह सुई चुभी, कंकड़ीला, तेज़ दर्द ठहर-सा गया मेरे भीतर।

7.

अगली शाम, मुम्बई के जलनिकास पर मैं बैठा था—झुलाता हुआ पाँव—नीचे समुद्र और गेटवे ऑफ इण्डिया पीछे। घोंटी मैंने फिर से खारी हवा। पी गहरे घूँटों में! मेरे टूटे दिल को छोटी-सी राहत।

फीक़ा पड़ गया था प्रकाश शाम का—कुछ देर पहले ही बहुत तीव्र—चमकता हुआ ध्वस्त, गेरुआ चेहरा उस शिलालेख का ज्यों नीली लहरों पर उजली नावें। उतरते अँधेरे में वह समुद्र गन्ध एक अटपटी-सी रूमानियत से भर गयी मुझको! स्वार्थवश मैंने झपटकर लेना चाहा प्रेम का हर संभ्रम जो मेरे रास्ते पड़ा, पर मेरा हृदय बटोर सका केवल भारी-सा अँधेरा।

8.

लौटने लगा मैं मित्र के घर की तरफ़—इस शहर में मेरा घर ये ही। चिड़िया की तरह बैठा है पंजा मोड़े घर शहर के नभ-छोर पर—देख रहा है सीधा नीचे। मैंने की उम्मीद कि मेरे लौटने पर सारी चमक और समुद्र-गन्ध मेरा मन हरा कर देगी।

कितने दुलार से देखे मैंने वे सुनहरे वर्ग मलमल पर जिन पर मैं चित्र बनाना चाहता था। गपशप करना चाहता था मित्र की नीली-पीली पेंटिंग की उस नन्हीं लड़की से जो लड़ रही थी हवा के ख़िलाफ़ अपना छाता मुड़ जाने से बचाती हुई। फिर से पढ़ना चाहता था वह कविता जो उसके नीचे उकेरी गयी थी।

पर लौटने के बाद मैंने देखा—वह मलमल का कैन्वास ग़ायब था! एक साधारण काली चादर पड़ी थी, उस रंग का सामना करने से मैं डरता था, रंग जो मैंने ओढ़ रखा था कल रात।

9.

"उम्मीद है, मेरी दोस्ती से तुम्हें ताक़त मिली है।" उसके आने पर कहा मैंने।

"अर्थहीन है कामना हमारी प्यार की, मृत्यु की, बरसात की, पेण्ट के रासायनिक गन्ध की, इडिथ पियाफ* की भी—यदि हमने खुलकर साँसें नहीं लीं उस हवा में जो हमने रची और जिससे आशीर्सिंचित हैं स्वयमेव।"

"चलो चलें, तुम और मैं/वहाँ जहाँ पसरी है शाम आकाश से उँठगी हुई ..." "चूलतारक बेकार अन्धकार विदिशार

निशा"—धत्तेरी की, ये क्यों मुझे हरदम औरों की ही कविता आती है याद, कविता उन कवियों की जिन्हें सराहा है मैंने हमेशा? सारी स्मृतियाँ, स्मृतियों में ही इतना कुछ सोया और छुपा पड़ा।

लेकिन हाँ, क्यों नहीं—तुम एक इतनी पुरानी साथी—प्याज के छिलके-से काग़ज़ों पर तुमको लिखता रहा हूँ मैं चिट्ठियाँ जो मैंने तुम्हारे शहर से ख़रीदे थे। इन काग़ज़ों में बैंगनी पंखुड़ियों की आहट है इधर-उधर लुगदी में गुँथी हुई—बैंगनी चमड़े में बँधे हुए थे इसके पन्ने और उसके शीर्ष पर देवनागरी में कुछ लिखा हुआ था सुनहरा!

लेकिन यह सोना नहीं है जो चाहा था मैंने।

10.

अब भी मेरी तलाश जारी है उस सफ़ेद मलमल की जिस पर लिखूँ और चित्र बनाऊँ। लेकिन अब बहुत दूर है वह। दूरस्थ कहीं उसे मैं देख सकता हूँ– मछुआरा कश्ती में एक पाल बन गयी है वह जो क्षिजित पर हो रही है गुम।

और अब चकमक नारंगी-लाल सूर्यास्त विस्मयकारी था उसी कारण से जिससे कि मेरे रुधिर में रोगाणु। मेरा रुधिर नहीं संक्रामक।

"फिर से वह साड़ी पहनो", मैंने मित्र से कहा। पर अब वह उसे नहीं मिलती।

Gold Squares on White Muslin (F-120)

* इडिथ पियाफ : लून गायिका।

II - 5
चयनित कविताएँ

फ्रैक्टल्स से (2016)

'बिदेसिनी, बनलता'

स्वप्न देखता हूँ गुलाबी मखमली ढाकाई रंगों का,
टच्च कलफ़-लगी साड़ियों का और शहद-सिक्त एक कण्ठ का—
एक आवाज़ सुरमिलाती तुलसी से, लौंग-गरम पानी से।
ताकि आबाद रहे रवीन्द्र संगीत की अवरोही तान।

स्वप्न देखता हूँ ढाका के और कामना करता हूँ
नाभिनाल रिश्ते की जो मेरे बाबा की धरती से
मेरा होना चाहिए, देखता हूँ अपना शुरू-शुरू का बचपन—
बनानी, सोनारगाँव, फरीदपुर, बोइमेला, छोबीमेला।

लम्बी दोपहरें, माहान्त श्यामली का,
शम्शुर रहमान की पुस्तकों से पगा कमरा
वे सफ़ेद-से बाल उनके, वह नटखट मुस्कान
हाथ पकड़कर मेरा रास्ता दिखाती, उनकी ही कविताओं का अनुवाद

बांग्ला से अंग्रेज़ी—ध्वनि-दर-ध्वनि
शब्द-दर-शब्द, पदबन्ध एक साथ गुँथे हुए
एक नयी भाषा में संगीत रचते हुए। आज की रात मगर,
स्वप्न देखता हूँ मैं मुख्यतया संगीत का—कैसे हृदय के प्रच्छन्न तार

बाँधते, अभिषिक्त करते हैं एक दोस्ती को! आशिष-सा बरस रहा है–
'अल्ला की मेहर है'–मैं कहता हूँ मित्र से–
गीले वे होंठ, राल, रेलवे प्लेटफॉर्म ख़ाली,
चाय के वे अनगिनत प्याले, क़िस्से, सपने–

पाकविधि, कविता, संगीत और गाने के।
सौभाग्य है अपना कि हम अभिषिक्त कला के जादू से,
सौभाग्य है कि सम्भव है निर्बाध दाम्पत्यता
स्वप्न देखता हूँ मैं बिदेसिनी के–ताज़ा सफ़ेद चम्पक फूलों के साथ।

रात्रिश्याम उसके जूड़े में गुँथी वे पंखुड़ियाँ,
उसकी पुतलियों में छाया ढंग से लपेटी गीतवितान साड़ियों की
उस पर वे बाँग्ला अक्षर और चेहरे–कविताएँ छपी हुई
हों जैसे गोदने उसके लवण और गेहूँ-त्वचा पर।

अब हम अलग हैं–बहुत दूर–पर पास मेरे हो तुम–
ओ वनलता, मेरी बिदेसिनी, मैं तुम्हें याद करता हूँ।
दिल्ली के जाड़े की यह रात गान-सी चुस्त
और निरपेक्ष–जैसे शीशा-स्वप्न देखती हुई।

Bideshini/Banalata (F-273)

शिवली (के फूल)

ऐक मूठोशिशिर भेजा
शिऊली पाठालाम। – एस.आर.

मैं तुम्हें भेजता हूँ
मुट्ठी भर, भीगे शिवली फूल

शिवली के फूल, धीरे-धीरे गरम होते
बन्द मुट्ठियों में

भीगे हुए ओस में सुबह की
याद दिलाते हैं तुम्हारी

कोमल तलहथियों की, उँगलियों की,
दिल के तारों की। बुनती हूँ मैं

छोटे फूलों को, पंखुड़ी-दर-पंखुड़ी,
डालती हुई धागा, डण्ठलों में तन्तु-दर-तन्तु,

हस्तलिपि में उकेरती
शब्द गीत के

बेख़बर इससे
    कि पहन लिए हैं तुमने

रेशमी बालों में
    और कलाइयों में गजरे,

गाते हुए मेरे गीत–
    टैगोर साक्षी हैं–

आज की रात, हर रात।

Shiuli (F-280)

प्रश्न

तुम्हारे बदन की ख़ुशबू
 और

रात्रि-चुम्बित लम्बे केशों की रेखाएँ
 मेरे तकिये पर टूटी हुई—

ब्लाउज के टूटे बटन
 मेरी चादर पर—

एक टूटी पलक—
 अकेली,

मुड़ी हुई, छूटी हुई
 प्रश्न की तरह।

प्रतिबिम्बित दलदल
 आईना समय का—

मेरे उत्तर रहते हैं
 तुम्हारे विराम चिह्नों में।

Question (F-279)

चुप्पी

चुप्पी का अपना ही
        सूक्ष्म रंग है।
हर साँस के बीच

ठहराव, दहकती है गर्मी
        दबी हुई राल–
तुतलाहट

यहाँ वहाँ
        प्रतीक्षारत हैं यायावर बादल
वर्षा के लिए आतुर

कामना पिघलती
        चुप्पी की शब्दों में।
रंग स्तनपान करते हैं

और उधर होंठ तुम्हारे
        धीमे-से ही बुदबुदाते
चुप्पी के रहस्य।

तुम्हारा महीन चिकन ब्लाउज–
सफ़ेद, चिकना,
प्रायः पारदर्शी–

छुपा नहीं पाता है शान्ति
धड़कनों की
इस गेहुआँ-जैतून त्वचा पर।

दुग्धधवल फूल
सजाये बालों को,
गिराता है एक पंखुड़ी,

केवल एक! उस एक पंखुड़ी में
चुप्पी खिल जाती है रंग में
उजली, पारदर्शी, उजली–

पूरी उजली चुप्पी।

Silence (F-127)

भरतनाट्यम नर्तकी

(लीला सैमसन के लिए)

विद्युतविकल हवा में खाली जगहें बाँटती हैं ख़ुद को
इन वलयाकार लयों में, और तुम्हारी मृणाल
बाँहें और नूपुर-सज्जित पाँव वे तुम्हारे
बखानते हैं रेखागणितीय स्थलाकृतियाँ, वास्तविक और अन्तरिक्षी
वह जो लगातार गूँजा करता था
सुनिश्चित आँगन में प्राचीन मन्दिर के

दक्षिण भारत में। तुम्हारी बरौनियाँ छटपट—करती इशारे
महीन *अभिनयलीन,*
एक चकाचौंध मादक, पुतलियाँ सिरजती हैं
एक असामान्य केन्द्रिकता दृष्टि केवल रोमक पेशियाँ
आशिर्सिंचित और ढँकी हुई दैवी *काजल* से
शायद वही करें अभिनय।

कच्चा उजास *कांजीवरम* साड़ी का, तुम्हारी
साँसों का, और पुरानी चाँदी की उच्चाशयता
सँवारती है तुम्हें और तुम्हारे नृत्य को, याद दिलाती है हमें
उस तिजोरी की जो केवल
आधा खुला है, बस काम-लायक, शायद ही—
क्योंकि सर्वोच्च शुद्धता में कला कभी पूरी नहीं खुलती।

मंच पर-प्रकाश के विलय में बहुत देर बाद भी
श्रोता, जो अब अदृश्य हैं, ठहरते हैं।
यहाँ देख सकता हूँ मैं अभी भी तुम्हारी घिरनियाँ जमी हुई
गतकाल वैभव से, महसूस करता हूँ
बुदबुदाती हुई छाया संगतकार की
दुर्बोध राग अँधेरे के इस नाट्य सभागार में,

अँधेरा जहाँ बाँकी यादें
छन आती हैं शान्त कलाक्षेत्र वाले दिनों की
किसी और काल में बसी उस तुम्हारे कलाक्षेत्र से मिलती-जुलती,
काल जहाँ अँधेरा प्रकाश है सोया हुआ
जोकि घाल-मेल करता है, गढ़ता है नयी आकृतियाँ और बाल देता है,
आहिस्ता नाचता आधे प्रकाश में।

लेकिन पवित्र वह अँधेरा है जो ठहरे
घोलता प्रकाश कामना में, कामना जो झिलमिलाती है
और चमचमा देती है तुम्हारी आभा
शान्त स्त्रीत्व की, जैसे कि नर्तकी
दमका रही सब कुछ, करती हुई दृष्टिगोचर और साफ़,
काव्यात्मक, आवेग-विह्वल, हिमपावन।

Bharatanatyam Dancer (F-129)

माँ

रतना सेन, 18.12.1940—27.01.2013

जैसे किसी स्वप्न में, ग़ायब हुईं तुम—
बताये बिना—समय के पहले, बिना किसी तैयारी के।

हाथ की लिखी डायरी जो तुम छोड़ गयी
रुदनमग्न खोलता रहा पन्ने गहन दुखों के।

शोकातुर, दौड़ रहा हूँ म्यूनिस्पल दफ़्तरों में
फ़ाइलें ढूँढ़ता-पलटता

मृत्यु-प्रमाणपत्र की ख़ातिर
जैसे पर्याप्त नहीं हो खोना तुम्हें।

Ma/Mother (F-270)

कुर्सी पर जैकेट

बेपरवाही से तुमने घुमाया और फेंक दिया
कुर्सी पर जैकेट।
कपड़े का पूरा जमावड़ा

धीमी रफ़्तार में भहरकर
ढेर हो गया ढेर कपास का—
अभी-अभी चुना हुआ

खेतों से—
जैसे कि मांस का लोथड़ा—
रीढ़ के बगैर।

कुर्सी का काठ-फ्रेम
छोटा-कंकाल
बन गया

लेकिन पर्याप्त नहीं था यह
कोट की नयी आकृति
के लिए, जैसे कि देह की

ताक़त पुरानी
या मांसपेशियाँ
स्वयं को सँभाल रखे जो।

जब कोई छीलता है
अपनी बाहरी त्वचा,
मुश्किल होती है

छुपानी
रक्त की तरल
बुनावट

काठ, ऊन, टाँके
और गाँठें–
समाधि लेख

एक जुआरी का
फेंट देना पत्ते,
और इतिहास

मेरे अँधियारे विश्वास का।

(सेजैन की पेंटिंग कुसी पर जैकेट पर आधरित)
Jacket On the Chair (F-140)

पॉल सिज़ैन्स की पेटिंग 'जैकेट ऑन ए चेयर' पर आधारित। क़ाग़ज पर ग्रैफाइट और जलरंग, 47.5 X 30.0 सेमी.1890-92।

नरमुण्ड

तीन देवता
      जिनकी मैं पूजा करता था
गुज़र गये।

      वे घूरते हैं
अपने माथे के
      पीछे से

उन खोखलों
      में से
जो उनकी आँखें थीं—

      उनकी दृष्टि
चूती
      हर दरार से

और विवर से
      कपाल के
उनके नरमुण्ड की

      अस्थि-त्वचा
चमक रही है
      रजत-परत की तरह

नवजात
        मछली की,
हर परत

        शल्क की तरह
स्मृतियाँ रही हैं समेट,
        वंशावलियाँ

रहस्य
        केवल जीवाश्म
रहते हैं जीवित!

        नरमुण्ड काठ पर,
कालीन पर
        कपड़ों पर–

शवगृह में डाले नये अध्ययन
        बिना लपेटे ही
खड़े कर दिए

        अस्थियों के पिरामिड,
इन्तज़ार में
        ममियाँ

तेल और ग्रेफाइट में
        लपेटीं
छिड़क रहा हूँ मैं

        रंग और पानी
समाधि पर
        अपने (इन) रात्रि देवों की।

The Skulls (F-138)

जुआरी

सौदा पक्का हो गया और मुहर लग गयी
भूरी, ख़ुरदरी चमड़ी के ऊपर–

चमरपट्टी मेज़ की।
टेढ़े-मुड़े, तकलीनुमा पैर

जिनपर टिका था वो खेल
ख़ुद अपना बोझ उठा पाने में अक्षम;

धुआँ-मूड-षड्यन्त्र–
इनकी ये गम्भीरता क्या उठाते!

आस-पास ही हमने रखी थीं मुट्ठियाँ–
भिंचे हुए उनमें रहस्य

बेईमानी में छुपाये गये ताश के पत्ते चौखुटे ब्लेड की तरह
जोकि गिरह काटकर बहा सकते थे ख़ून की नदियाँ

मार सकते थे हमें वर्तमान की तरह ही भविष्य
अँधियारा था, अप्रकाशित

गोल-गोल घूमता हुआ, अस्थिर
तम्बाकू की गन्ध में—

दीवारों की काठ में जो बस-सी गयी थीं,
फ़र्नीचर, कपड़े,

और अपने दिलों में भी।
लेकिन कम-से-कम यह एक जुआ था,

अनिश्चित रोशनी का प्रक्षेत्र,
एक नियतता

जो कि ठहरती थी सारे उन
राख-रंग, भूरे और नीले में—

ठण्डे, गम्भीर नील, और गम्भीर नील के बीच।

The Cardplayers (F-137)

पॉल सिजैन्स की पेटिंग 'कार्ड प्लेयर' पर आधारित, फैन्वास पर तैलरंग, 47.5 X 57 सेमी., 1890-96

पिकासो की कुछ कलाकृतियाँ

(ट्रिपटिच)

सिर–1

मेरे कपाल का
        जीवाश्म
खड़ा है
        त्रिकोणात्मक
एक सलीब के
        काले 'T' अक्षर
पर
        नीली
सफ़ेद
        दूज चन्द्राकृति
और सिर का
        गोलार्द्ध
बैठा है
        तिरछा
अस्थि-तीक्ष्ण
        घात
लगाये।
        ब्रेतौ था

वह
        जिसने
उकेरी थीं
        रेखाएँ
टूटी—फूटी, और
        कोशिका का
अपना वृत्तान्त!

Picasso Triptych (F-141)

पाब्लो पिकासो की कृति 'हेड' 1913 पर आधारित। कार्ड पर बनाया पेपर कोलाज, चारकोल और पेंसिल से।

सिर-2

कुष्ठग्रस्त,
        ताम्रायित
नमस्कारकीलित
        मेरे हाथों के
पारदर्शी घन में बन्द,
        उपनिवेशित
दरकी तलहथियों में
        पूरी तरह से
गुलियायी है
        मेरी यह
कल्पना
        पर देखो न—
यह कोशिश
        कर रही है
पास तुम्हारे
        पहुँचने की—
और तुम्हें
        छूने की—
हालाँकि
        सिर्फ़

कल्पना है यह
प्रेम की
ज़ब्त दिल के
आस्तीन में।

Picasso Triptych (F-142)

पाब्लो पिकासो की कृति 'द हेड और आम्र विथ स्लीव (1948) पर आधारित।

सिर–3

प्लाज्मादीपित
हरा अमीबा
मिलता-जुलता
मेरे उन केशों से
जिन पर कि
बालू और काई
जमी
सदियों की।
मेरी आँखें,
ओठ,
गाल, नासापुट–
गुलाबी
बीच जीवन्त
शुक्राणुओं के
सिर्फ़ नीलिमा
मुझको देती दिलासा,
और नीलिमा,
और मृत्यु,
और नीलिमा।

Picasso Triptych (F-143)

पाब्लो पिकासो की कलाकृति 'हेड' 1971 पर आधारित, काग़ज़ पर पेस्टल।

कलशवती

स्वयं को
    छुड़ाकर
आसमान की गहरी
    नीलिमा से
उठती है वह
    और आहिस्ता से
बढ़ती है
    मेरी तरफ़,
सर पर उठाये
    मिट्टी का घड़ा
और घड़े में
    रहस्य
दोहत्थे कलश के।
    फैलती है
उसकी छाया
    नीलिमा में घुलती-सी,
फिर से
    प्रकट होती है
लम्बी, शालीन,
    स्वप्न देखती

ज़्याकॉमेटी के।
जैसे ही वह आती है
ध्यान-केन्द्र में–
जम जाती है
लम्बे फ्रेम में
अपने सब धारकों
की ठिठुरन थामे हुए,
छोड़ती हुई
महक इतनी
जितनी से
और पाने की आकांक्षा
बनी रहे।

Women with Amphora (F-144)

हेनरी मैटिस की कृति (Femme a l'amphora) पर आधारित, 1953।

कलशवती के हाथ में अनार

आकाश के
        फलक से
अपने बदन के लिए
        नीलिमा चुराकर,
प्रतिभा की
        शालीनता में
खड़ी है वह–
        आधे एकड़
के दो हिस्सों में
        फैली हुई बाँहें,
दोहत्था कलश का
        रहस्य ढाँपे हुए।
ढँके हुए गागर ने
        अनुमति दे दी
जोड़ों में
        चार अनारों को
छिटकने की–
        लुढ़कने की
जोड़ों में–
        बने रहें ताकि

परिवार बाकी
फलें-फूलें!
पूर्णता में है अधूरा
यह बिम्ब पूर्णता का।

Woman with Amphora and Pomegranates (F-145)

हेनरी मैटिस की कृति (Femme a l'amphora at grenades) पर आधारित, 1953

रेलवे स्टेशन, मुम्बई

कुली का लाल कोट
        आधा छुपा लेता है
उसकी काली हड्डियाँ,

सफ़ेद गाँती,
        धोती और पगड़ी में
जो अपना भाग्य बाँच जाते हैं।

बिजली की फुर्ती से
        वह मेढ़ककूद
भरता है आपकी तरफ़,

जब आप अपना
        सामान लिए
पारते हैं बुलकी।

पूर्वग्रह
        मचाते हुए धकमपेल—
गहरी सड़ाँध-भरी भारी हवा में सराबोर।

ग़ुलामी और वाणिज्य
    रास्ते बनाते हुए
अपने-अपने सदय

क्षणों की ख़ातिर जगह नहीं है यहाँ।
    सिर्फ़ बिम्ब थोड़े-से
(तूलिका के) कुचकुच केशों के

प्रशिक्षित सिरों से टँगे, हाथ से बने
    काग़ज़ों पर
चकमक रोगन से उकेरे हुए।

इनसे ही सम्भव है
    कि उनके दुख डुबो दें
रंग और पानी में।

Railway Station, Bombay (F -154)

लोदी गार्डेन, दिल्ली

मध्यकालीन
        क़ब्रिस्तान में, एक वंश
बचा रहा है अपनी धुँधलाती

शालीनता। पाशमीना शॉल–
        सी चिकनी घास
भंगुर मिट्टी पर कालीन बिछाती है।

अनमनी अकेली
        गुम्बद की चौकन्नी आँखों के
आगे यहाँ–

युवा प्रेमी निकालते हैं
        अपनी जगह और
इतिहास का अपना मतलब

बाँहों में एक-दूसरे के,
        उत्तप्त
चिलचिलाते ताप में।

Lodi Garden, Delhi (F-155)

II - 6
चयनित कविताएँ

रेन से (2016)

भारी लोहा

जहाज़ तोड़नेवाले सर्पिल औजार सरक रहे हैं सीधी सी सर्पीली पंक्ति में सरपट भारी जहाज़ों में—बारिश-बुहारी-सी दलदल में अटके हैं भारी जहाज़। चितगोंग की भारी धात्विक (यह) क़ब्रगाह, जहाँ ऊँचे समुन्दर की परित्यक्ता रानियाँ अतीत-गौरव और चाकचिक्य के बारे में बैठी सपनाती हैं, ऊँघती-हुई।

इनमें मजूर—दीखते हैं जैसे हों वे चींटी-मार्च के पैदल सिपाही, कृषकाय दन्तचक्र, दानव मज्जा और धात्विक मशीन में—ज़्यादातर प्रशिक्षित नहीं स्टील की भारी चादरें उतारने में। उनकी कीचड़ रंग की देहें चमचम चमकती हैं और लगता है कि कड़ी धूप में खौल जायेंगे उनके बदन का चुहचुह पसीना और दलदल के कटुतिक्त पानी की लसलस परछाईं।

लेकिन है आशा—लोगों में उपनिवेश लेगा कमा देहाड़ी अभी कुछ दिन—उम्मीद है कि कुँवारी मिट्टी, जहरीले जंग से मिलेगी तो जहाज़ों के दूषण की रंगत पहचानेंगे दोनों—उम्मीद है कि पर्यवेक्षक को कुछ बिम्ब मिल जायेंगे जिससे कि उचकुन मिलेगा सृजन को।

खड़े हैं जहाज़, बारिश-सोखे, ध्वस्त पस्त नंगे कंकाल-बने, चित्र जड़ित-से दीखते। धीरे-धीरे तोड़े जायेंगे, वे तोड़े जायेंगे पर्चा-पर्चा बिक जाने तक और उनके बहुतेरे पुर्जे नायाब, पीतल के पुर्जे सजेंगे देखने के वास्ते पुरावशेष की दुकान में बड़े शहरों की।

(इस) करकट धातु का ऐसा घनेरा आकर्षण, उसका ये भीषण सौन्दर्य आँख में भरा पहली बार। यह गीली, नयी तरह की विराट् दृश्यावली, यह पूरी संरचना अजब-गजब-सी लगती है, थोड़ी भुतही, भुतहापन है उसमें विस्तार का और इसमें अवज्ञा है मेहनत की, शोषण की, महामृत्यु की।

Heavy Metal (F-101)

मॉनसून में हरियाली

हर तरफ़ हरा ही हरा—तेलसिक्त हरियाली, हल्का कदली-हरीतिम, जैतून-हरा, शुष्क हरा—राजनीतिज्ञों का अदूरदृष्ट, दुष्ट हरा; मिलिटरी ग्रीन युद्धलीन, घास हरा—ऐंठा-सा मोथा हरा, हरा ज़रा विचलित, और कोई ऐसा आस-पास नहीं दीखता जो उसको प्रशिक्षित करे, काटे-छाँटे।

फ़ैशनपरस्त औषधिविद् बिल्कुल गलत कहते हैं—घाव पर फाहा नहीं रखती हरियाली, मुझमें तो बीमार उबकाई भरती है।

हरा पित्त, मितली, महादानवी कल्पना, तपेदिक-जड़ित वनस्पतियों के कफ की हरियाली, गन्दे शौचालयों में जैसे हरी काई जम जाती है या सड़क- किनारे की गटगट बहती नालियों में—सुन्दर हरा, भयावह हरा, स्वस्थ हरा, गीला हरा, मॉनसून हरा।

आ गया मॉनसून—ज़िद्दी-सा, झक्की-सा, ईर्ष्या-हरियल। थोड़े दिन और रहेगी बारिश, बढ़ाती हुई, दुष्ट एकवर्णी, गिरगिट बाढ़ हरियाली की, सिराने से बचती हुई।

Monsoon Greens (F-102)

बंगाल की बारिश

बारिश ने दुनिया-भर में दमकाये हैं कई कोण कल्पना के। पर दोनों बंगालों में बारिश की बात ही अलग है—पश्चिमी बंगाल में और बांग्लादेश में।

बारिश की आप्लावनकारी चाल, उसकी तैयारी, उसका भय, उसका मननशील पक्ष और उसकी रूमानी, भारी पलकों वाली संरचना। कोई इन्हें पुकार सकता है 'परतीले वर्षीले मेघ' लेकिन यह मॉडेल और यह नाम इनको समेट नहीं पाता।

यहाँ बादल गहरा सुरमई रंग गह लेते हैं, और भारी बारिश के ठीक पहले हो जाते हैं कजरारे। छोटे वृत्ताकार, सुरफुर घेरों में पत्ते उनके चारों तरफ खसखसाते हैं, हवा में गर्भभार की एक लय होती है, भीगी मिट्टी की ख़ुशबू और सिमटते पक्षियों की उस खुस-फुस से आकाश भर जाता है।

'बारशा' कहलाती है बारिश यहाँ और एक अतुलनीय गूँज है इसकी—भव्य, वज़नदार, सोचती हुई-सी, कच्ची पर हरदम विशिष्ट और शालीन।

Bengal Rain (F-102)

मुक्ति, बारिश

डण्ठल सर उठाता है – फूटता है, पराग झर-झर—मुक्ति
बरसती है झिर-झिर – गुलाबी चमड़ी, सूखी परत।

Release, Rain (F-111)

अकाल, बादल

हड्डी-सा ऊसट–प्रार्थना करता हूँ कि नमी टपके कंकाल आसमान से – एक बादल तो है, सिर्फ़ एक बादल झकोरता हुआ अनमने ढंग से – लेकिन बहुत दूर– वर्षा के सच्चे आसार के परे।

Drought, Cloud (F-104)

ज्ञान, ज़रूरत

"जितनी प्रज्ञा, चाहत उतनी ही कम"– यह सूत्र प्रज्ञा का लेकिन सच नहीं बैठता–प्यास और पानी और वर्षा पर।

Knowledge, Need (F-104)

II - 7
चयनित कविताएँ

डिस्ट्रक्टेड ज्योग्राफी : एन आर्कियोपेलेगो ऑफ़ इटेंट (2003)

मीनार

मीनार—
    पट

उसका षट्कोणीय
    रहस्य

बेलनाकार आकृति में
    समाहित—

एक अधूरी
    कुण्डली

सीढ़ियाँ—
    उद्दण्ड

संरचना,
    ललचाती है

हमको कि गले मिल जायें
    इसके पुरातन

छिन्न-भिन्न
   क़िस्से में।

✧✧✧

हम चल पड़ते हैं
   इसकी ऊँचाई की ओर।

यह खड़ा है
   अपनी अस्त-व्यस्त

हरीतिमा पर
   झुण्ड की झुण्ड

भेड़ें हर तरफ़—
   देह में हमारी

रगड़ने को तैयार
   ऊन अपना।

✧✧✧

कुछ है
   बेचैन करने की हद तक

दोस्ताना इस
   नज़रिये की ख़ातिर।

पालतू
   आवारा कुत्ता,

फिर भेड़ें,
　　और भी भेड़ें–

और अन्त में
　　बाड़ा–

एक क़तार
　　ठिगने पेड़ों की,

उनका अयाल कटा-छँटा,
　　हवा में

सलामी
　　झुके तीर्थयात्रियों की–

द सेवेन्थ सील,
　　स्थिर दृश्य

ऊँचा
　　क्षितिज पर।

✧✧✧

हम पहुँचे
　　मुकाम पर!

एक चिह्न ने सावधान किया–
　　ख़तरा

मीनार का स्वयं ही,
उसका जीवन

आज़माइशी,
और उसका

इरादा
गिर पड़ने का।

लेकिन घूँट
ह्विस्की की

चहेते
अपने फ्लास्क से

कर गयी सुरक्षित हमें
सब-कुछ की ख़ातिर।

✧✧✧

आस-पास घूरते हुए सब-कुछ
ऊँचे

मीनार की तरह ही
देखते रहे हम।

मैदान चारों तरफ़ से
घिरा धुँधलके में

प्रकाश के विदा होते ही।
    हमारी दृष्टि धूमिल

गोधूलि वाली हवा की
    लय में।

✧✧✧

पत्थरों में लोहे में
    छुपे रहस्य,

उत्कर्ष-काल
    उतार पर,

बचा हुआ
    एक इशारा—

उसका ताला
    ज्ञात बस उसको—प्रच्छन्न,

घूँघट उतारती
    हवा की

छलिया परतों
    के बीच कहीं।

✧✧✧

मध्यकालीन
    संरचनाओं के

होते हैं
    अपने नियोजन,

लय अपनी
    एक अलग—उनके जर्जर वन—

हम-जैसे अजनबियों को
    भटका कर लाते—

शतरंज के खेल में
    सोची-समझी फुसफुसाहट—

भूगोल ही
    बदल देने की साज़िश,

ताकि बची रही
    परम्परा इमारत की

भविष्य के
    नक़्शाकारों

और समय के
    बलात्कारी हाथों से।

✧✧✧

हर मनुष्य
    एक उपनिवेश है,

मैं भी
    हूँ उपनिवेश,

और ताक़त
    औपनिवेशिक।

The Tower (DG -109)

गिरजाघर की ध्वनियाँ

फूटता है
अदृश्य गान।

देखता हूँ ख़ुद को
किसी

पुराने गिरजाघर में
जहाँ

अवशिष्ट मीनार
कभी थी

एक शाहाना अंग
संरचना-सी

प्रस्तर-प्रमाण
देह में। वृन्दगान

उठता है। हंसिनी-सी
सेलो-वादिका

उसकी विद्युत्प्रभा
कीलित

यौवन की पीतिमा में–
तैरती है

थिराने को
वे लहरें, उसकी

देवदूतीय
भौंहें गिरती हैं, और

दाहिना हाथ
करता है यात्रा

साथ भौंहों की चमक के
सूक्ष्मचित्र,

मिनिएचर गढ़ता है–
कोल्डर मोबाइल्स–

गतिमान
गढ़ते हुए भद्र

क्षणभंगुर
रेखाचित्र

हवा में
उनके प्रभाव

और
  प्रदीर्घ

मातम
  का मारा हुआ

गहरा बाजा
  लेता है गहरी साँसें

जैसे कि भरता हुआ नया जीवन
  घुटती हवा में

गुप्त स्वरों के साथ
  बचकर निकली

मेरे प्रच्छन्न
  पोस्टकार्ड ढेर से

वर्षों से बचाकर
  रखी अनवरत—

जाने बिना कि क्या
  होना है इनका—

या इन डायरियों का।
  अब वे खिलीं : जादुई

और पूर्णतः
  गीतायित, मैं दौड़ा

मीनार के
  अन्तर्पार्श्व में।

अर्द्धवृत्त कक्ष में कोई विश्वास
बचा नहीं था।

यादें बस
तन्वंगी की

उँगलियाँ सेलो पर
चलती हुई,

चण्डीपाठ का
नाद गहरा

दुर्गा-मिथक
का अवगाहन

जगाता
पद्य-प्रार्थनाएँ

और बिम्ब
अर्जित

और स्याही में उतरी
सदा के लिए

मेरी पाण्डुलिपि के
घूमते, तरंगायित अक्षरों में।

✧✧✧

फिर से
सुबह हो गयी,

वक़्त सोने का,
   मैं रात्रि-देवों को

थपकी देता हूँ।
   धमकाता-सा आता है

एक अन्य पोस्टकार्ड
   दरवाज़े की

पत्र-मंजूषा से।
   कृतज्ञ हूँ

इतनी छोटी सत्ता के
   समृद्ध साथ के लिए।

✧✧✧

Church Notes, (DG -120)

अकेला

मैं अकेला हूँ
    यहाँ।

यह विशाल देश
    मुझे घेरे है,

घेरती हुई
    हर तरफ़ से

जैसे बढ़ी आती
    सेना!

✧✧✧

मेरी बाँहें नहीं,
    उन्हें काटा गया

बहुत
    पहले—

लिखना सीखा,
    वर्तनी सीखी

उसके भी पहले!
    जटिल

मोहभंगों के
    जाल!

✧✧✧

लेकिन मुझे लगता है अच्छा
        यहाँ,

अच्छा लगता है रहना
        अकेला

बावजूद
        साफ़ रोशनी के!

Alone (DG -128)

ऐम्बैसेडर (गाड़ी)

एक दोस्त
    जो जमा करता जाता है

इतिहास
    कलकत्ता का

अप्रकाशित
    खत्तियों में

जमा
    गाथाओं में–

देख लेता है
    ऐम्बैसेडर गाड़ी,

एक असम्भाव्य-सी
    उपस्थिति

एडिनबरा
    की सड़कों पर।

स्कॉटलैण्ड ने
    नहीं देखा

है पहले
    इस जैसा—

विनयशील
    भारतीय चैसिस!

मेरी अपनी
    कामना

कि मैं रहने लगूँ
    इसकी खोली में,

बंगाली रूपाकार—
    नेहिल,

भली,
    गोल

और प्रशान्त—
    ऐसा करना

यादों में लौटना है।
    परिवार,

ख़ाली जगह—
    घुमन्तू और

विशाल हुई।
    इसका सच्चा

आकर्षण
    है मज़बूती,

स्टील उसकी
    अनमनीय दुष्टता,

घातक-सी
    आकांक्षा—

बड़े प्रशान्त भाव से
    जिसे छुपाए घूमती है।

यह गाड़ी
    इसकी परछाईं अनूठी

तीखी-सी (पड़ती है)
    उत्तरायण रोशनी में,

साफ़-सुथरी और ज़रा ज़्यादा ही
    आरामदेह।

इकलौती
    खैरियत—

अकथ कहानियाँ
    उत्कीर्ण

इसकी
    अतप्त मोटर में—

ऐसी छलके—
    कल्पिल,

स्वप्निल,
धीरे-धीरे

खोलते इसके
अनखुले रहस्य

ऊँची ऑक्टेन
नम्यता में!

Ambassador, (DG -133)

भटकनें : 'C'

मेरी आँखें खुलती हैं,
    बन्द होती हैं।

नींद धीरे से
    पिघलती है

पुतलियों के किनारे
    सावधान करती है

मेरी बरौनियों को
    कि वे दृढ़ होकर

खड़ी हों और
    करें काम

जो हाथ में है।
    यह तो है सिर्फ़ परीक्षा

दृष्टि की, सिर्फ़
    नज़र की जाँच

सब-कुछ के भीतर
    बुद्धि के

मैंने हमेशा ही
    मापी है

अपनी दृष्टि
    उससे

जोकि मैं
    देख नहीं पाया।

इसलिए
    कभी मैंने

एषणा नहीं की
    पूर्ण दृष्टि की।

क्लिनिक के
    अँधेरे-से

रंगमंच पर,
    लेंसों से,

तालिकाओं से
    डॉक्टर की खोजी निगाहों से

घिरे हुए
    मैंने सूँघी उसकी

छठी इन्द्रिय
    व्यग्र

कच्ची मांसलता
    की ख़ातिर।

उस वक़्त
    मैं

कोशिश-भर कर रहा था
    पढ़ने की

पट्टी
    पीछे से प्रकाशित

चिपकाए पत्रों से
    भरी हुई! इसका

क़ानून
    अवसानित वापसियों का

उकसाता
    ढोंग

जिसे सिर्फ़ एक
    मुलायम केन्द्रसवाला

लेंस ही
    कर सकता था साफ़।

लोच
    डॉक्टर के उन स्तनों का जो

मिलता था
    अंग्रेज़ी के अक्षर 'C' से

धुँधलाता
दूरस्थ-सी

जगमगाहट में,
रोशनी

जिसने बस थोड़ी
मरम्मत की

मेरी आँखों की।
बाकी

कहानी मेरी
आँखों की

चकरखाना पट्टी
ही माप सकती थी–

उभारती हुई सी
केवल सुरक्षा

कल्पना की,
वो कली

जो फन्तासी को
कर देती वास्तविक,

पूरा
दृश्यमान

और दृश्यवान
बहुत-कुछ

वह आराम
    मुक्त,

अन्तर्मुक्त
    शालीन लोच में

उस अक्षर
    'C' में।

(DG -167)

हवाना

दो अधपिए
   हवाना सिगार

अगल-बगल
   लेटे

नग्न
   शीशे में

और राख में
   अन्तिम रात की।

इस सुबह
   था कुछ

गम्भीर
   उनके घेरे में,

शायद
   कोई अनुबन्ध

जो सम्भव है
   केवल तब

जब पत्ते
　　जलाये जाते हैं

प्रगाढ़तम
　　भूरेपन में,

कामना
　　और निराशा की

खाँसी से
　　सुलगाकर।

Havanas, (DG -174)

पारा–1

एक नन्ही
    बूँद

अपनी
    बायीं तलहथी पर।

यह गुलियाई
    थी

मेरी चमड़ी के भीतर के
    धमनी-पट से!

दमक रही थी
    शरारत से,

हर बूँद का
    टूटना

जैसे बरफ
    चाँदी की।

मैंने चाहा
    इसे भटकाना,

लेकिन यह जम-सी
    गयी थी

कठोर
    जैसे मणिभ।

संगमरमर,
    पर

पारदर्शी
    तासीर में।

Mercury I (DG -176)

बरौनी

एक
    लम्बी बरौनी

मेरी पलकों ने गिराई थी
    ख़ुद-ब-ख़ुद,

उसकी छवि
    टिकी हुई

पन्नों पर
    जिस पर मैं

लिख रहा था
    आड़ा-तिरछा।

एक चाप
    अप्रत्याशित-सा

वह बना रहा था,
    जैसे लकीर

अटपटी
    मुस्कान की।

लेकिन,
    निश्चित ही,

यह
    एक दुर्घटना थी!

Eye Lash (DG -178)

पारा-2

पानी के पारे ने
    गुमा दिया था

केन्द्र अपना
    और गुरुत्व।

पिघलाहट
    अब

चिपकी थी
    लोच पर

उस मोटे
    कोड़े की

असम्पृक्त,
    उपलब्ध!

Mercury II (DG -180)

द्वीपसमूह

मेरी देह—
    एक जटिलता

नामांकित है—
    पी.यू.सी.—

पेशेंट विद
    अननोन कंडीशन—

रोगी
    अज्ञात दशा का—

भयाक्रान्त
    अनिर्णीत

जीना है कि
    जाना है,

कामना या
    विनाश।

युवा
बिना सूचना।

लाल रक्त
कोशिका-कणिकाएँ

सब
छिन्न-भिन्न

पिघलाती
गर्मी से,

हिमखण्ड
दमकते हुए

ज्वालामुखियों
की तरह–

द्वीपसमूह–
लापता

और
मानचित्र से परे।

मैं हूँ
बहिष्कृत

हर जगह–
भीतर

मेरा अपना वजूद
मेरे अपने देश में,

गोद लिए, घरेलू
    परदेस में!

मैं हूँ
    जाति-

बहिष्कृत
    अस्पताल

में भी –हैरो के
    गँवई उपनगर में।

प्रजातन्त्र
    उपयोग–

दुरुपयोग में,
    पुनर्चक्रित

जैसे कि राख
    जिसका चारा बनता है

मैं जैसे खाद
    औरों के

प्रयोग में
    और लाभ में,

उनके अपने
    लाभफल में!

भूकम्प
    अलगाता है

पानी से
धरती,

अस्थियों से
मांस-मज्जा,

लालिमा से
सफ़ेदी,

मृत्यु से
साँसें!

हरा
नियन्त्रक

पीला पड़ता डूबती-सी
विद्युत ऊर्जा

रोगाण्वित
तरल में

मैं खड़ा
होता हूँ

अजब ढंग से
उनकी धरती पर

धता बताता
धरती को

बिना भविष्य,
बिना मस्तूल।

खटकती नहीं
मुझे

ऐसी क्षणभंगुर
आज़ादी,

काफ़ी है यह
स्वप्नद्रष्टा की ख़ातिर

हरदम खिसकन्तू ही रहती
मेरी जमीन

और मैं ख़ुश हूँ
कि फँसा नहीं हूँ

दलदल में
बुद्धि की

और महत्वाकांक्षा की,
जीवन की, मृत्यु की।

Archipelago (DG -181)

II - 8
चयनित कविताएँ

पोस्ट मार्क्ड इंडिया
न्यू एंड सेलेक्टेड पोएम्स (1997)

एक कोरी चिट्ठी

(क्वामे डॉज़ के लिए)

अप्रत्याशित आता है एक लिफ़ाफ़ा विदेश से,
झक्क सफ़ेद लिए पन्ने,

सटीक अपनी प्रस्तुति में—अनुपस्थिति की—
शीर्ष पर सिर्फ़ एक शिरस्त्राण चिह्नित :

देता पता उसके उद्‌गम का, और कुछ नहीं,
मैंने परखे इसके पन्ने,

उसके दानेदार काग़ज़ से झाँकती
स्थूल-सी कपास-धारियाँ—

छुपाती हुई पाठ, सफ़ेद स्याही में, डाकमुहर भारत,
जललकीर भी पारभासक

पारदर्शी करती अदृश्यता लिपि की।
पन्ने पड़े थे घूर्णावर्त्त-सी लहरियों में।

शालीन लुगदी पर, पन्नों पर
छितराए रूपक—खुले हुए, निरावरण।

अनछुई-अनब्याही पंक्तियाँ उफनती, जनती,
वितरती, साँसें कायम रखतीं

रक्तवाहिनियाँ कुछ अलग तरह की—
अनसुलझे शिलापट्ट, मणिभ-प्रांजल।

A Blank Letter (F-285)

उड़ान, घर की ओर

बेल-बूटेदार आकाश पर करीने से टाँकता हूँ समय
अप्रत्याशित ढंग से ऊबड़-खाबड़ उसकी सतह पर। मैं

एक बार फिर जा रहा हूँ घर दूसरे
घर से एक यथार्थ की बुनावट छोड़ता दूसरे में

वह जो आहिस्ता से याद दिलाता-रोकता है
सुनिश्चित करता : मेरा शरीर मेरी आत्मा का है सौतेला बेटा।

लेकिन अब आत्मा की और त्वचा की क्या चर्चा
ऐसे समय में, ऐसे युग में, इतनी नश्वर चीज़ें

जो रक्त और साऊस की ताना-भरनी से बुनता है
थक्का-थक्का, प्रक्षेत्र सच्चे पलायन के

चर्चा उड़ान के समय की या उड़ान की
जब कल्पना की सच्ची उड़ानें चीख रही हैं

कि उपलाती थिरी रहें बीच हवा में
पीड़ा, प्रशान्ति और विश्वास के बीचों-बीच : तन्वंगी हवा की तरह

जो बनाती हैं तस्वीरें, जहाँ दूसरा घर बनाया जाता है
खाली, स्वतन्त्र शून्य में, चिप्पीवाली एक दूसरी रज़ाई

जब लपेटी जाती है अपने चारों तरफ़ धीरे से, याद में।

Flying Home (F -284)

II - 9
चयनित कविताएँ

साउथ अफ्रीकन वुडकट (1997)

बर्फ़ के पंख

सारसों का अभी-अभी एकत्र एक प्रांजल झुण्ड,
बैठा हुआ धैर्य से, ठाठ से बैठा हुआ नंगी डालों पर
एक अकेले, जंगली झाड़-पात से अधढँके, अधडूबे पेड़ की

कुछ दूर से वे एक थिर बिम्ब दीखते हैं।
बर्फ़ के पंख से, छिटके हुए, प्रचुर,
सूखी हुई डाल पर, पुनरुज्जीवित।

Feathers of Snow (Blank Letter-29)

बोटैनिकलगार्डेन, डर्बन, साऊथ अफ्रीका।

भूर्ज

(ऐरन के लिए)

हमने भरी आग की गोद
कच्ची लकड़ी से।

कुन्दे बुज़ुर्गवार थे–और अब उत्तप्त कोयले–
दमकते हुए दमादम–लीलक कभी, कभी नारंगी।

लिपटे थे उज्ज्वल कुहासे में
अंगारे–राखपिण्ड–डैने अब–

इन्तज़ार
ऊर्ध्वमुखी एक लपक-तक का–

उठना, उपलाना, उतरना फिर
अपनी उस अस्तव्यस्त, गीली चादर पर।

Birch (Blank Letter - 23)

द ग्रेट बाऊँड्री वाटर्स, मिन्नसोटा, यू.एस.ए. और ऑंटैरियो, कनाडा 1990।

II - 10
चयनित कविताएँ

न्यूयॉर्क टाइम्स (1997)

हिरोशिमा को याद करते हुए

अगस्त की पूर्णमासी :
पार्क के चारों तरफ़ थीं मालाएँ ओपरीगामी की

दमकती हुई सितारों-जैसी, प्लूटोनियम की टिमक।
याद करो रगड़-झगड़ आकाश की।

आज की रात सब टहलते हैं गुरु-गम्भीर क्यारियों के चारों तरफ़,
जहाँ कभी होना था प्रेमीजनों को।

दूर कहीं, माउण्ट फूजी का शिखर बैठा है प्रांजल—
बर्फ़ीले बादलों पर, काल-कीलित, विवेक-विह्वल।

अचानक ही बादल हो जाते हैं चिंदी-चिंदी
और सारी पंखुड़ियाँ पारभासक, गीली-सी मुँद जाती हैं :

एक खिलता कुकुरमुत्ता, खुला हुआ-सा धीमे आवेग में,
पर यह तो बस सपना है।

आज रात सचमुच के फूल खिल उठे हैं
प्राचीन जापानी चाँदनी में।

Remembering Hiroshima Tonight (F-325)

II - 11
चयनित कविताएँ

द लूनार विज़िटेशंस (1990)

दिसम्बर की चाँद-भासित रात

तुम आयीं मेरा दरवाज़ा खटकाती,
मैंने लिया कुछ समय खोलने में,
जब खोला–
था वहाँ केवल रेशमी दुपट्टा तुम्हारा–
म्लानमुख, सिटकिनी में खुँसा आधा।

One Moonlit December Night (F-326)

दादू

(दीदू के लिए)

तीन साल पहले दादू को थामा था मैंने आई.सी.यू. में।
    दिल का वह था दूसरा दौरा।
घिरे हुए थे हम गन्धों से—
    डॉक्टर, प्रक्षालक, दवाएँ, पसीना।
काँप रहे थे जब वे पूरी शिद्दत से लड़ते हुए जीवन के वास्ते—

थामे रहा मैं निरन्तर उन्हें।
    देखता रहा उनके पसीने की बूँदें
दमकती हुई नियॉन रोशनी में—
    पाइप, पनाले, पिन, ग्राफ़ और ग्लूकोज़—
हाँफते हुए चीखे वे जब जीने के लिए।

भयाक्रान्त लम्हे, संघर्षसिद्ध, जीने को उद्यत।
    इतना ही भीगा हुआ था मैं जितने वे! मैंने देखा—
उनकी आँखें मुँदीं—लेट गये वे शान्तचित्त।
    हाँफती हुई छाती उनकी—उठती-गिरती हुई—
जब उनकी पसीने की बूँदें दोनों ओर सरकीं।

वापस भरी उन्होंने साँस-बेहद फीकी!
        किसी तरह हो गया बचाव इस बार।
मैं नहीं था उपस्थित यहाँ, इस
        दफा! कोशिश की उन्हें थामने की
दस हज़ार मील दूर से

सुनी मैंने तार के पार–
        मेरी दादी माँ, एकदम ठण्डी, घुटती-सी, पीली,
उन्होंने उचारे अब तक की चुप्पी के बाद यही शब्द,
        'सब पोते-पोतियाँ हमारे इस बार उनसे मिले
केवल तुम यहाँ नहीं थे–इस बार उन्हें बचा लेने को।'

1988

Dadu (F-261)

II - 12
चयनित कविताएँ

लीनिंग अगेंस्ट द लैम्प-पोस्ट (1983)

एक मक्खी

एक भिनभिनाहट हवा में। हुम्हुम्म! मक्खी।

कूड़े पर बैठती है, चिढ़ता हूँ मैं इससे।
        बैठती है खाने पर, ओकता हूँ मैं।
बैठती है मेरी चमड़ी पर, ग़ुस्सा आता है मुझे।

एक अख़बार लपेटा, एक अस्त्र अब–फटाक्।

लो हुआ काम तमाम, ये मरी।
        नन्ही-सी कीड़ी और मैं इत्ता बड़ा-सा।
मैंने इसे मार डाला, मैं ही विजेता।

क्या सचमुच? मरी पड़ी है यह वहाँ तो भी

घूरती हुई मुझको, हँसती हुई मुझ पर घोर हिकारत से।
        क्या यह पराजय नहीं थी? मैंने हारी जंग
कितनी टकदुम शख़्सियत से।

हाँ, मैं गया हार! हार गया मैं।

1980

A Fly (Blank Letter P-47)

III
उपसंहार

कृतज्ञता ज्ञापन

किसी भी काव्यकृति की सृजनात्मकता और उसकी सम्प्रेषणीय अभिव्यक्ति वस्तुतः एक निश्चित लेकिन उतनी ही सम्भावनाशील प्रक्रिया पर निर्भर करती है जिसमें पाठ के साथ एकाकार होना भी होता है और उतना ही विरक्त भी, संवेदनात्मक अनुभूति भी होती है किन्तु वस्तुपरकता भी। सारगर्भित रूप में कहें, तो आपका काव्य-पाठ के साथ निरन्तर प्रेम और जुड़ाव की आवश्यकता एक बुनियादी पूर्व-शर्त होती है। इस पुस्तक में 40 वर्षों के लम्बे अनुभव को अभिव्यक्ति मिली है लेकिन यह उन 25 वर्षों के बिना फलीभूत नहीं होती जिसमें मेरे शुभचिन्तकों और प्रियजनों ने मुझे असीम स्नेह और सहयोग दिया। मैं अपनी पुस्तक की अनुवादक शिक्षाविद् और प्रख्यात हिन्दी कवयित्री अनामिका जी को अशेष और अनन्त धन्यवाद ज्ञापित करते हुए यह रेखांकित करना चाहता हूँ कि वे सहृदयी, संवेदनशील, स्नेही और अत्यन्त प्रतिभावान हैं और उनके जैसा सहयोगी पाना वास्तव में एक सुखद साहित्यिक सर्जनात्मक यात्र है। मैं उनका कृतज्ञ हूँ और साथ ही भाव-विभोर भी!

मैं अपने वाणी प्रकाशन के उत्साही प्रकाशकों अरुण माहेश्वरी जी और अदिति माहेश्वरी जी के प्रति आभार व्यक्त करता हूँ, साथ ही साथ रश्मि भारद्व ाज, नीरज कुमार, पूनम अरोड़ा और वाणी प्रकाशन के सम्पादकीय विभाग को धन्यवाद ज्ञापित करता हूँ। यह तथ्य दृष्टव्य है कि यह वाणी प्रकाशन का अंग्रेज़ी भाषा के प्रतिष्ठित 'इंडियन पोएट्री सीरीज' का सर्वप्रथम अनुवाद है। मोनिका सिंह और रेगी पाल को भी उनके प्रशासनिक सहयोग के लिए धन्यवाद! और अन्त में उस सिमी को बहुत-बहुत धन्यवाद और आभार जिस पर मैं कब एवं इतना अधिक 'आश्रित'/अवलम्बित हो गया, इसका पता मुझे भी न चला और जिसकी आत्मा *मेरा शरीर मेरी आत्मा का सौतेला बेटा* में निवास करती है।

–सुदीप सेन

Bibliography

Achievements & Distinctions

I. FEATURED AUTHOR — INTERNATIONAL & NATIONAL

✧ Represented India (as an invited author/reader/speaker) at innumerable international and national festivals, conferences, and seminars. Invitations ranged from national governments, international organizations & festivals, universities, research institutes, museums, bookshops, galleries, art cafes & bars, among others. Some highlights include — Edinburgh Book Festival, Scottish Poetry Library, Netherbow Theatre, Amnesty International Festival (all Scotland), Royal Festival Hall London, London Word Festival, O_2 Wireless Festival / *The London Magazine* Literary Festival in Hyde Park, Brighton International Poetry Festival, Commonwealth Writers Festival Cambridge, Raiding the Inarticulate Oxford, Broomhill Literary Festival Devon, Morden Tower Newcastle, Arvon Foundation (all UK), Poetry Ireland | Writers' Museum Dublin, National Library Dublin, Cuisle International Poetry Festival Limerick, Tyrone Guthrie Centre at Annaghmakerrig, The Seamus Heaney Centre for Poetry of Queens University Belfast, Seamus Heaney HomePlace Bellaghy (all Ireland), World Writers Festival (Paris), Calabash 10th Anniversary Festival (Jamaica), Amsterdam Literary Festival, Open Stanza, Salon de Mots, University of Amsterdam, Maastricht Poetry Nights (all The Netherlands), Tranquebar Bookshop Copenhagen & Aarhus University (both Denmark), Lahti International Writers Reunion (Finland), Jerusalem International Poetry Festival & Sha'ar International Poetry Festival, Tel Aviv (both Israel), Struga Poetry Evenings (Macedonia), Villenica Writers Festival, Vilenica; International Publishers Meet, Dane (Slovenia), Prague International Poetry Festival (Czech

Republic), Medellin International Poetry Festival (Colombia), Yalova Poetry Nights (Turkey), Sisarang International Poetry School (South Korea), Granada International Poetry Festival (Nicaragua), Yinchuan International Festival (China), Nobel Laureate Festival (St Lucia), Athens World Poetry Festival (Greece), Jaipur Literature Festivals (Jaipur& Belfast), Kala Ghoda Arts Festival, Bangalore Literary Festival, Shillong CALM Festival, *New Indian Express* Odisha Literary Festival (Bhubaneshwar), *Times of India* Teflas Literary Festival, *New Indian Express* Literature Festival (Bhubaneshwar), Kritya International Poetry Festival (Trivandrum & Wardha), Prakriti Poetry Festival (Chennai), National Centre for Performing Arts, Prithvi Theatre, P.E.N. Centre, Crossword Bookshop, Chauraha, Loquations; Tata Mumbai Literature Live Festival (all Bombay), Second Neemrana International Literary Festival (Delhi & Rajasthan), Kovalam Literary Festival (New Delhi & Kerala), India International Centre Festival of the Arts (Delhi), Katha Utsav International, India Habitat Centre (Delhi), Delhi International Arts Festival, IIC-*Atlas* Literary MiniFest, Sanskriti Kendra, Sahitya Akademi (Delhi & Calcutta), British Council (Delhi, Bombay, Ahmedabad, Dhaka), Siri Fort Auditorium (Delhi), Attic (Delhi), Cervantes Institute (Delhi), ICCR Rabindranath Tagore Centre, Conclave Club (both Calcutta), Amethyst, Amdavadi (Chennai), Darpana Dance Academy / Natarani Theatre, British Library (Ahmedabad), IAS Officers Club, Saptaparni Arts Centre (all Hyderabad), Writers & Readers Festival, Kala Academy, Literatti Bookshop & Hotel Cidade de Goa (all Goa), the universities of Harvard, Columbia, Stanford, Yale, Berkeley, Pennsylvania, Rutgers, South & North Carolina, Virginia, UC Santa Barbara, Texas (all USA), Oxford, Cambridge, London, York, Winchester, Reading (England),Edinburgh, Glasgow, St Andrews (Scotland), Belfast, Dublin, Annaghmakerrig, Sligo(Ireland), Paris, Nice, Carnoules, … (France), Humbolt, Free, Konstanz (Germany), Barcelona, Oviedo, Zaragoza, Jaca, Mallorca (Spain), Kelaniya, Colombo (Sri Lanka), Dhaka, ULAB (Bangladesh), Tribhuvan (Nepal), Delhi, Calcutta, Bombay, Hyderabad, Osmania, IIT, JNU (India), among many others.

II. HONOURS, AWARDS, SCHOLARSHIPS, FELLOWSHIPS

- ✧ 2020 : *Ero Text* (Vintage: Penguin Random House) shortlisted for the Rabindranath Tagore Literary Prize

- 2017-19: Jury / Judge for the Jaipur Literature Festival 'K L Sethia Award for Poetry' | Winners: Jayanta Mahapatra (2017), Surjit Patar (2018), Salma Rajathi (2019) | Jury: Sudeep Sen, Sukrita Paul Kumar & Namita Gokhale.
- 2018: Distinguished Alumni Award (Hindu College, University of Delhi) for "singular contribution & achievements in the field of literature."
- 2018: UPL Excellence Award (Best Seller Category) for *Postcard from Bangladesh* at the 40th anniversary celebrations by the University Press Limited (publishers) in Dhaka.
- 2017: Global Literary Festival Award for 'Literary Excellence & Best Book of the Year' for *EroText* (Vintage: Penguin Random House) by the Asian Academy of Arts.
- 2017: Nominating Jury, $165,000 Yale Windham Cambell Prize (Yale University)
- 2017-18: Jury / Judge for the Jaipur Literature Festival 'K L Sethia Award for Poetry' | Winners: Jayanta Mahapatra (2017), Surjit Patar (2018) | Jury: Sudeep Sen, Sukrita Paul Kumar & Namita Gokhale.
- 2016: *Fractals: New & Selected Poems | Translations 1980-2015* (UK edition) nominated for the Griffin International Poetry Prize (Canada), Ted Hughes Award (UK), Forward Prize (UK), and T S Eliot Prize (UK)
- 2016: 'In Vino Veritas Wine Poem Contest 1st Runner-Up Prize Winner, Struga Poetry Festival (Macedonia).
- 2013: Nobel Laureate Festival invited author — the first Indian, and the only one thus far from the Asian, Australasian-Pacific, African, South American region, to be chosen for the honour. Presented the Derek Walcott Lecture + read from the new book, *Fractals: New & Selected Poems|Translations 1978-2013*, launched by the Nobel laureate in St Lucia, West Indies.
- 2013: Awarded the Government of India Ministry of Culture Senior Fellowship for 'Outstanding Persons in Culture/ Literature'
- 2012/13: Pushcart Prize nomination for 'Choice' (poem) that appeared in the *Prairie Schooner* (USA)

- 2012: 'The Bookwallah' Travelling Residency | AsiaLink & University of Melbourne
- 2012: Joint Runners-Up Prize Winner | Stanza Poetry Competition, Poetry Society (UK)
- 2012: Lalitha Subbu Memorial Lecture / Chief Guest Hindu College Literary Festival
- 2011: International Writer-in-Residence, Shanghai Writers Association (China)
- 2010: Judge | Jury Member (with the UK poet laureate Carol Ann Duffy & Elaine Feinstein) 10th Arvon Foundation International Poetry Competition (London). [First non-UK international invited judge]
- 2010: Invited International Poet reading with Ciaran Carson, Sinead Morrissey & Leontia Flynn at Summer School Evening Poetry & Music (The Seamus Heaney Centre at Queens University in Belfast, Ireland).
- 2010: International Writer-in-Residence, The Tyrone Guthrie Centre (Ireland)
- 2010: Wolfsberg UBS Artist-in-Residence Fellowship | Swiss Arts Council Pro Helvetia (Switzerland).
- 2010: Sanskriti Foundation Writers Fellowship (New Delhi).
- 2009: Jorge Zalamea Poetry Award (presented by the Colombian Government of South America & the Embassy of Colombia in New Delhi). *Blue Nude,* an unpublished book-length work-in-progress, won it in an open international competition that attracted entries worldwide.
- 2009: A K Ramanujan Translation Award for *Aria* (a book of translations of modern South Asian and World Poetry).
- 2009: Jury Member, Srinivas Rayaprol Poetry Prize (India) — jointly administered by the S R Trust and the University of Hyderabad's Department of English, in partnership with *The Hindu* newspaper group.
- 2009: Jury/Editorial Board Member, Katha Poetry E-Book series.
- 2008: Ledig House International Writer's Fellowship (New York).

- 2007: NLPVF Dutch Foundation for Literature international 'writer-in-residence' fellowship (Amsterdam).
- 2007: Kathak Literary Award | *Kathak Sahitya Puroshkar* — for outstanding contribution to Bangladesh's Literature (Dhaka).
- 2005: Judge|Jury Member (with Jayanta Mahapatra & Anita Nair), Dom Moraes Poetry Prize (India) — administered by Monsoon Editions (Yeti Books).
- 2004: Awarded the 'Pleiades Honour' at the world's oldest poetry festival in Struga, Macedonia. As the Pleiades title suggests, seven internationally "famous poets" who have made "significant contribution to modern world poetry" are chosen to receive this prestigious honour — the other six on that year's list included the Nobel prize nominated Chinese poet Bei Dao, Herder European Award winning Romanian poet Ana Blandiana, the Irish poet John F Deane, Arturo Korkuera from Peru, Al Janabi from Iraq, and Philip Johns from Belgium.
- 1997-98: Hawthornden Fellowship (UK) for poems included in *Postmarked India: New & Selected Poems* (HarperCollins).
- 1996 Faber & Faber Poetry Grant from the Arvon Foundation (UK).
- 1991-93: National Award Winner at the British Council Poetry Society of India 'All India Poetry Competition' on a couple of occasions.
- 1991: Poetry Circle (Bombay) National Poetry Competition Prize Winner.
- 1989: Inlaks Scholarship (India), *India Abroad* Fellowship, Dupont Broadcast Journalism Award, and Columbia University Graduate Scholarship (all New York) to pursue an MS in Journalism at Columbia University, New York.
- 1988: Bread Loaf Writers Scholarship, Bread Loaf Writers Conference, Middlebury College, Vermont, USA.
- 1988: Graduate School Scholarship to pursue M.A. in English & Writing, Hollins University, Virginia.
- 1987: International Scholarship & Vereen Bell Prize for Creative Writing, Davidson College (USA).
- 1986: Gurukul Scholarship from SPIC-MACAY (Kalakshetra, Madras).

- ✧ 1986: Jagmohan Pably Prize for best all-round student, Hindu College, University of Delhi
- ✧ 1986: B N Raina Scholarship for academic excellence, Hindu College, University of Delhi

III. SUDEEP SEN'S WORK AS PRESCRIBED TEXT/ OR USED IN UNIVERSITY COURSES

- ✧ Over 15 universities and colleges around the world have taught or currently teach my work at the undergraduate or graduate level literature and cultural studies courses. Additionally, several students pursuing their research degrees based on my work.

PUBLICATIONS

I. PRINT & BROADCAST MEDIA

Sen's words have appeared in leading international and national newspapers, magazines, journals, and broadcast on radio and television. Some include: the *Times Literary Supplement, Newsweek, Guardian, Independent, Observer, Telegraph, Financial Times, Scotsman, Scotland on Sunday, Herald, Evening Standard, New Internationalist, de Volkskrant, De tweede ronde, London Magazine, Poetry Review, Agenda, Ambit, Wolf, Wasafiri, Edinburgh Review, Lines Review, Irish Pages, Literary Review, Harvard Review, World Literature Today, Times of India, Hindu, Hindustan Times, Indian Express, New Indian Express, Tribune, Telegraph, Asian Age, Deccan Chronicle, Statesman, Gentleman, India International Centre Quarterly, Little Magazine, Biblio, Indian Review of Books, New Quest, Outlook, India Today*, among others; and broadcast on BBC World (TV), BBC Radio, CNN-IBN, NDTV, PBS, WFUV, GLR, SABC, AIR, Doordarshan, Radio Tehran, Radio Jerusalem, and many others.

II. BOOKS|CHAPBOOKS BY SUDEEP SEN

I.1 POETRY

2022 *The Whispering Anklets* (with Aditi Mangaldas & Dinesh Khanna) *(forthcoming)*

2022 *Blue Nude: Ekphrasis & New Poems (forthcoming)*

2022 *Sudeep Sen: Mera Sharir Meri Atma Ka Sautela Beta | My Body is the Stepson of my Soul: Selected Poems* introduction & translation into Hindi by Anamika (Vani Prakashan)

2022 *Banyan (forthcoming)*

2021 *Godhuli Lagna | Cow Dust Hour: Selected Poems* introduction by Neelam Mansingh & Surjit Patar | translation into Punjabi by Akshaya Kumar, Parminder Singh & Vandana Chawla (Autumn Art)

2021 *Anthropocene: Climate Change, Contagion, Consolation* (Pippa Rann)

2021 *Sudeep Sen Poems* introduction & translation into Malayalam by Syam Sudharkar (Payal Books)

2019 *Kaifi Azmi: New & Selected Translations* selected, edited & co-translated by Sudeep Sen (Bloomsbury)

2019 *Ausencias | Absences* [Spanish & Galician translations] Cervantes Institute

2018 *Lemn Plutitor | Driftwood* [bilingual English-Romanian edition] Biblioteca Judea, Timosoara, Romania

2018 *Grammatica | Grammar* [bilingual English-Italian edition] Genoa, Italy

2017 *Path to Inspiration* (with Setsuko Klossowska de Rola & Homa Arzhangi) Ahimsa Forum, Lyon, France

2017 *Incarnat | Incarnadine* Tartuga, Carnoules, France

2015 *Fractals: New & Selected Poems | Translations 1980-2015*UK: London Magazine Editions, USA: Wings, India: Gallerie

2013 *Fractals: New & Selected Poems |Translations 1978-2013* [limited edition] Gallerie

2012 *Mediterraneo* [Spanish & Galician translations] Cervantes Institute

2012 *Ladakh* Gallerie &Tyrone Guthrie Centre (Ireland)

2010 *Winter* Frances Kiernan Edtion (UK)

2009 *Aria* [*translations*] Yeti Books & Monsoon Editions (India) / 2010 Mulfran Press (UK)

2009 *Heat* Web del Sol (USA)

2005 *Rain* Gallerie & Mapin (India) / Grantha (USA)

2003 *Distracted Geography: An Archipelago of Intent* Wings Press (USA) / 2004 Peepal Tree (UK), Indialog (India)

2003 *Prayer Flag* [*CD / poetry & photography*] Wings Press (USA) / Peepal Tree (UK)

2002 *Monsoon* [re-issued in 2005 as *Rain*] Bengal Foundation (Dhaka) / Aark Arts (London)

2001 *Perpetual Diary* Aark Arts, London

2000 *A Blank Letter A Blank Letter*The High Commission of India (Dhaka)

2000 *Lines of Desire* University of South Carolina / Triad

2000 *Almanac Almanac* University of South Carolina / Triad

2000 *In Another Tongue* [*translations*] University of South Carolina / Triad

1999 *Retracing American Contours* University of South Carolina / Triad

1997 *Postmarked India: New & Selected Poems* Harper Collins

1995 *Dali's Twisted Hands* Peepal Tree Books, Leeds

1994 *Mount Vesuvius in Eight Frames* Peepal Tree Books, Leeds

1994 *South African Woodcut* Peepal Tree Books, Leeds

1993 *Parallel* [*CD/Audio Cassette*] The Scottish Poetry Library, Edinburgh

1993 *New York Times*The Many Press, London 1995 Rupa, (including *Kali in Ottava Rima*)

1992 *Kali in Ottava Rima* Paramount, London 1995 Rupa, (including *New York Times*)

1990 *The Lunar Visitations* White Swan Books (New York) 1991 Rupa (New Delhi)

1986 *The Man in the Hut* [limited hand-bound edition] Davidson, North Carolina (USA)

1983 *Leaning Against the Lamp-Post* / 1996 [reprinted] Triad & University of South Carolina (USA)

I.2 PROSE

2022 *Selected Criticism & Reviews* Vol 2 (Classix) *(forthcoming)*

2022 *Selected Essays & Non-Fiction* Vol 3 (Classix) *(forthcoming)*

2022 *Small Tales from my Kitchen Table* (with Dinesh Khanna) *(forthcoming)*

2021 *Selected Interviews& Coversations* Vol 1 (Classix)

2016 *EroText* Vintage: Penguin Random House

2002 *Postcards from Bangladesh Postcard from Bangladesh* (with Tanvir

Fattah & Kelley Lynch), University Press Limited

1999 *BodyText* (Harrow: London, UK)

202? *Tracing Lines: Selected Prose* (Essays & Criticism) *(work-in-progress)*

I.3 Translator

2020 *My Typerwriter is My Piano: Selected Poems* by Anamika |edited & co-translated by Sudeep Sen (Aark Arts)

2019 *Kaifi Azmi: New & Selected Translations* | selected, edited & co-translated by Sudeep Sen (Bloomsbury)

2011 2011 Mulfran Press (UK) | translated by Sudeep Sen

2009 *Aria*Yeti Books & Monsoon Editions (India)

2005 *Love Poems* by Shamshur Rahman | edited &translated by Sudeep Sen London: Aark Arts

2003 *Spellbound & Other Poems* by Fazal Shahabuddin | edited &translated by Sudeep Sen London: Aark Arts

2001 *Love & Other Poems* by Aminur Rahman | edited &translated by Sudeep Sen London: Aark Arts

2000 *In Another Tongue* University of South Carolina / Triad | translated by Sudeep Sen

I.4 Editor/Co-editor

2022 *Contemporary Indian Poetry* (Dublin: Dedalus) *(forthcoming)*

2020 *Modern English Poetry by Younger Indians* (Sahitya Akademi)

2015 *World English Poetry* (Dhaka: Bengal Foundation)

2013 *The Prairie Schooner Feast Anthology of Poetry by Indian Women* USA: University of Nebraska

2012 *The Harper Collins Book of English Poetry* (Harper Collins)

2012 *The Yellow Nib Modern English Poetry by Indians* (Belfast: Yellow Nib) Seamus Heaney Centre for Poetry, Queens University *Another English: Anglophone Poems from Aroundthe World* (USA: Tupelo Press & Poetry Foundation) India Editor: Sudeep Sen | Editors: Catherine Bennet & Tiphanie Yanique

2011 *Poetry Review Centrefold Portfolio of Indian Poetry* (UK: Poetry Review)

2010 *World Literature Today Writing from Modern India* (USA: University of Okhlahoma)

2009 *The Literary Review Indian Poetry* (USA: Farleigh Dickinson University)

2006 *Biblio South Asian English Poetry* [a portfolio](New Delhi: Biblio)

2006 present *Atlas: New Writing, Art & Image* London/New York/ New Delhi: Aark Arts

2005 *Sestet: Six New Writers* Berlin : Free University & London: Aark Arts

2004 *Midnight's Grandchildren: Post-Independence English Poetry from India* (Macedonia: Struga Poetry Evenings) [*in Macedonian translation*]

2002 *Dash: Four New German Writers* (Berlin: Humboldt University & London: Aark Arts)

2002 *Shawkat Haider: A Day with Destiny* (Dhaka: Azeez)

2001 *Hayat Saif: Selected Poems* (Dhaka: Pathak Samabesh)

2001 *The British Council Book of Emerging English Poets from Bangladesh* (Dhaka: The British Council)

2001-4: *Six Seasons Review* (Dhaka: University Press Limited & London: Aark Arts)

1998 *Index for Censorship [Poems] Songs of Partition* [a portfolio] (London: Index for Censorship)

1996 *Lines Review Twelve Modern Young Indian Poets* (Edinburgh: Lines Review)

1995 *Wasafiri Contemporary Writing from India, South Asia & The Diaspora* (University of London)

I.5 SELECTED SEN'S POETRY IN TRANSLATION AS BOOKS/CHAPBOOKS/ BROADSHEETS

2022 *Varsha | Rain by Sudeep Sen* (Hindi) | trans. Savita Singh (Rajkamal) *(forthcoming)*

2021 *My Body is the Stepson of my Soul | Sudeep Sen : Selected Poems* (Hindi) | trans Anamika (Vani Prakashan)

2021 *Godhuli Lagna: Cowdust Hour | Sudeep Sen Selected Poems* (Punjabi) | foreword & afterword by Surjit Patar & Neelam Mansingh | trans Akshaya Kumar, Parminder Singh Aziz, Vandana Chawla Garg (Autumn Arts)

2020 *Sudeep Sen Kavithakal* | *Sudeep Sen Selected Poems* (Malayalam) | trans Syam Sudharkar (Payal Books)

2020 *Regen* | *Rain* (Dutch) | trans. Susan Ridder *(forthcoming)*

2020 *Sudeep Sen: Selected Poems* (Croatian) | trans. Miroslav Kirin (Fraktura) *(forthcoming)*

2019 *Ausencias* | *Absences* (Spanish) | trans. Herreo, Castano, Jaime, Aranda (Nicaragua)

2018 *Lemn Plutitor* | *Driftwood* (Romanian) | trans. Melissa Mugur (Biblioteca Judeteana Timis, Timosoara)

2017 *Incarnat* | *Incarnadine* [French / trans. Bernard Turle] (France: Tartuga)

2017 *Vaikus* | *Silence* (Estonian) | trans. Mathura M Lattik (Estonia: Allikaaarne)

2017 *100 Poems from Bangladesh* [English translations / eds. Dr Peter & Anette Horn] Edition Delta, Stuttgart, Germany

2012 *Mediterraneo* [Spanish | Galician / trans. M Dolores Herrero, Yolanda Castano & Raul Jaime] Cervantes Institute

2012 *Baniano: Figueira de Bangla* | *Banyan* [Galician / trans. Yolanda Castano] Concello da Coruna, Spain

2009 *Triztan's Timex* [Norwegian / trans. Birger Huse]

2009 *Cyclical* [Polish / trans. Malgorzata Wilk & Karolina Janus]

2009 *Geographies* [French / trans. Dominique Vitalyos & Dominique de Gasquet]

2006 *Lluvia* | *Rain* [Spanish / trans. M Dolores Herrero]

2004 *Alexander's Soil: Selected Poems*[Macedonian / trans. Zoran Anchevski]

2002 *La Sencilla Malta* | *The Single Malt* [Spanish / trans. Raul Jaime]

2003 *Barsha* | *Rain* [Bengali / trans. Aminur Rahman]

2003 *Prarthana Pataka* [Bengali / trans. Aminur Rahman]

2000 *Ekti Khali Chithi* [Bengali / trans. Aminur Rahman]

2002 *Remembering Hiroshima Tonight* [German / trans. Andrea Vialli]

20?? *Ilhan Berk and other poems* [Turkish / trans. Nese Yasin]

20?? *Remembering Hiroshima Tonight* [Greek / trans. Kariofilis Mitsakis]

20?? *BodyText* [Hebrew / trans. Dan Daor]

20?? *Lines of Desire* [Hebrew / trans. Amir Or]

20?? *Lines of Desire* [Romanian / trans. Curtea d Arges Poetry Festival committee]

20?? *Lines of Desire & Other Poems* [Korean / trans. Kim Ku Sul & Park Hae Won]

20?? *Prayer Flag* [Hungarian / trans. Domokos Johanna]

I.6 IMPORTANT ANTHOLOGIES & PUBLICATIONS FEATURING POETRY / PROSE OF SUDEEP SEN

2021 *What Where We Are Now* (Manchester Metropolitan University), ed. Carol Ann Duffy

2021 *Modern English Poetry by Younger Indians* (Sahitya Akademi), ed. Sudeep Sen

2021 *Indian Poetry for 365 Days: An English-Hindi Anthology* (Harper Collins), ed. & trans. Gulzar

202? *A Pocketful of Wry: Indian Poets Also Laugh* (Penguin), eds. Arundhati Subramaniam & Jerry Pinto *[forthcoming]*

2021 *Singing in Bad Times: A Global Anthology of Poetry Under Lockdown* (Penguin Random House), eds. K Satchidanandan & Nishi Chawla

2021 *Hibiscus: Poems that Heal and Empower* (Hawakaal), Eds. Sengupta, Pickering & Mazumdar

2021 *The Yearbook of Indian Poetry in English* (Hawakal), eds Vinita Agrawal & Sukrita Paul Kumar

2021 *Open Your Eyes: Climate Change Anthology*ed. Vinita Agrawal

2021 *Corona Crisis: Writings from the Debris* (Heritage Collins), ed. Vikram Chopra

2021 *Covid 19 World Anthology of Poetry* (Kistrech, Kenya) ed. Christopher Okemwa

2021 *Touched:* 2020 *An Anthology of Voices Writing on Creativity and Madness,* eds. Jhilmil Breckenridge & Sukrita Paul Kumar *[forthcoming]*

2019 *Redemptive Musings: Indian Poetry Anthology*ed. Bina Singh

2019 *Dhaka Anthology of World Poetry* (Dhaka: Adorn Books), eds. by Aminur Rahman & Bilkis Mansoor

2018 *Name Me a Word: Indian Writers Reflect on Writing* (Yale), ed Meena Alexander

2018 *Filigree: Contemporary Black British Poetry* (Leeds: Peepal Tree), ed. Nii Parkes

2018 *There's Something in the Air: 70 Life Stories from India & Italy* (Juggernaut), eds. by Lorenzo Angeloni & Maria Elletra Verone

2018 *The Best Indian Poetry 2018 (*RLFPA Editions), ed. Linda Ashok

2018 *Dhaka Anthology of World Poetry* (Dhaka: Adorn Books), eds. by Aminur Rahman & Bilkis Mansoor

2017 *Poems in an Exhibition: An Ekphrasis Anthology* ed. Sylvia Vetta (Oxfordfolio)

2017 *Rochford Street Review Anthology*, ed. Les Wicks (Australia)

2017 'Allepo' (poem), part of 'Migration' exhibit at the Pune Biennale, curator Bina Sarkar Ellias

2016 *The Poet's Quest for God* (London: Eyewear), eds. Todd Swift, Oliver Brennan, Kalley Davio & Cate Myddleton-Evans

2016 *Lotosi od neona i delirija.*(Croatia Rijeka: Studio TiM), eds. Lora Tomaš & Marijana Janjić

2015 *World English Poetry* (Dhaka: Bengal Foundation), ed. Sudeep Sen

2014 *Becoming Poets: The Asian English Experience* (Bern: Peter Lang), ed. Agnes S L Lam

2014 *Jora Sanko: Select English Poems by Bengali Poets* (Poetry Society of India), eds. M Gandhi & K Sengupta

2013 *Another Country: An Anthology of Post-Independence Indian Poetry in English* (Sahitya Akademi), ed. Arundhati Subramanium

2013 *The Big Bridge Anthology of Contemporary Indian Poets*(Big Bridge, USA), ed. Menka Shivdasani

2013 *Indo-Australian Anthology of Contemporary Poetry* (Authorspress), eds. Rob Harle, Sunil & Sangeeta Sharma

2013 *Asian Poetry in English* (University of Hong Kong), ed. Agnes Lam

20?? *Seven Indian English Poets in Hindi Translation*, ed. & trans. Savita Singh *[forthcoming]*

2012 *The Harper Collins Book of English Poetry* (HarperCollins) ed. Sudeep Sen

2012 *The Yellow Nib Modern English Poetry by Indians* (Belfast: Queen's University) ed. Sudeep Sen

2012 *Ten Young Indian Poets in English* (Kathmandu/New Delhi: Nirala), ed. Jayanta Mahapatra

2010 *Initiate: An Oxford Anthology of New Writing* (Oxford: Blackwell) inro. Jon Stallworthy / eds. Clare Morgan & Rita Ricketts / ed. panel: Jane Draycott, Jonathan Evans, Frank Egerton

2010 *World Literature Today Writing from Modern India* (University of Oklahoma) ed. Sudeep Sen

2010 *The Book of Worst Meals* (USA: Serving House Books), eds. Walter Cummins & Thomas E Kennedy

2010 *Red: Contemporary Black British Poetry* (Leeds: Peepal Tree), ed. Kwame Dawes

2010 *The Golden Boat: Anthology of Indian River Poems*, (New Delhi: India International Centre & Yoda Press), ed. K Satchidanandan

2010 *Indivisible: An Anthology of Contemporary South Asian American Poetry* (USA: University of Arkansas Press) eds. Neelanjana Banerjee, Summi Kaipa & Pireeni Sundaralingam

2010 *Top 10 Contemporary World Poets* (Dhaka: Adorn Publication) ed. & trans. Aminur Rahman

2009 *Borders* (Pune: Open Space | CCDS) ed. Priya Sarukkai Chabria

2009 *Leela — An Erotic Play of Verse and Art* (Collins), ed. Alka Pande

2009 *The Literary Review Indian Poetry* ed. Sudeep Sen (TLR/Fairleigh Dickinson University)

2008 *Language for a New Century: Contemporary Poetry from the Middle East, Asia & Beyond* (New York/London: W.W.Norton) eds. Tina Chang, Nathalie Handel & Ravi Shankar | Foreword by Carolyn Forche

2008 *Writing Across Borders* (writers.ink) ed. Niaz Zaman

2008 *Of Rickshaws and Rickshawallahs* (University Press Ltd) ed. Niaz Zaman

2008 *Here and Now: Contemporary Poetry of Delhi* (New Delhi: Delhi Poetree)

2007 *New Writing 15* (London: Granta & British Council) eds. Bernardine Evaristo & Maggie Gee

2007 *Findings on Ice* (Amsterdam & Baden: Lars Muller Publishers) eds. Astrid van Baalen & Hester Aardse

2007 *I Indialand* (Torsby, Sweden: Heidruns Forlag) ed. Bengt Berg

2007 *Best of Gallerie 1997-2007* (Mumbai: Gallerie) ed. Bina Sarkar Ellias

2007 *50 Poets 50 Poems* (Pune: Open Space | CCDS) ed. Priya Sarukkai Chabria

2006 *All Poetry is Protest* (Pune: Open Space | CCDS) ed. Priya Sarukkai Chabria

2006 *Ninety-Nine Words* (Orissa: Panchabati Publications) ed. Manu Dash

2005 *Indian Love Poems* (New York: Knopf / London: Everyman Library) ed. Meena Alexander

2005 *Confronting Love: Contemporary Indian Love Poems* (Penguin India) eds. Jerry Pinto & Arundhati Subramaniam

2005 *Masala* (London: Macmillan) ed. Debjani Chatterjee

2003 *Midnight's Grandchildren: Contemporary English Poetry from India* ([in Macedonian] SPE, Macedonia) ed. S Sen

2003 *Gods, Mongrels & Demons* (London: Bloomsbury) ed. Angus Calder

2002 *Home & Away: Diaspora Voices* (London: Index for Censorship) ed. Ursula Owen & Stephen Watts

2002 *From Briarwood to Barishal to Bangladesh* (London Arts UK) ed Sanchita Islam

2002 *Poems & Sources* (USA: Fairleigh Dickinson University) ed Thomas Kennedy & Walter Cummins

2001 *Post Independence Voices inSouth Asian Writings* (Doaba, New Delhi) eds. Malashri Lal, Alamgir Hashmi & Victor Ramraj

2000 *The Redbeck Anthology of South Asian Poetry* (Redbeck UK) ed. Debjani Chatterjee

2000 *Edinburgh: An Intimate City* (Edinburgh Council Scotland) eds B Fraser & E Greig

2000 *Vilenica International Writers' Anthology* ([in Slovenian] Drustvo Slovenskih Pisateljev, Ljubljana) ed. Itzok Osojnik

2000 *Institutionalizing English Studies: The Post-Colonial/Post-Independence Challenge* (Toronto: Ariel) eds. Gauri Viswanathan & Victor Ramraj

1999 *Now Read On: Multicultural Reader* (Routledge London/New York) eds. John McRae & Edwin Vethamani

1999 *Chai* (Storey Books Vermont USA) ed. Diana Rosen

1998 *Agenda Anthology of Poems Essays Translations* (Agenda London) eds. Anita Money & William Cookson

- 1998 *Post-Colonial Discourse in South Asia* (Alif Cairo) ed. Ferial Ghazoul & Stephen Alter
- 1998 *Poeti Indiani Del Novecento* [di lingua inglese] ([in Italian] Supernova Venice) ed. Shaul Bassi
- 1998 *Songs [Poems] of Partition* (Index for Censorship, London) ed. Ursula Owen & Judith Hall Vidal
- 1998 *Ariel 50th Anniversay of India & Pakistan's Independence* (Toronto) eds. Malashri Lal, Alamgir Hashmi & Victor Ramraj
- 1997 *India 1997 With Affection* (London Magazine UK) ed Alan Ross
- 1997 *Fifty Years of Independence: Poetry from the India Sub-Continent* (Acumen UK) ed. Patricia Oxley
- 1996 *Lines Review Twelve Modern Young Indian Poets* (Lines Review, Edinburgh) ed. Tessa Ransford / guest ed. S Sen
- 1996 *Vox: New Indian Fiction* (Sterling Bombay) ed. Jeet Thayil
- 1995 *Wasafiri Contemporary Writing from India, South Asia & The Diaspora* (Wasafiri/ QMW College, University of London) ed. Susheila Nasta / guest ed. Sudeep Sen
- 1995 *The English Review Contemporary Poets 12* (Oxford University/ Philip Allan Publishers) eds. John Carey & Cicely Havely
- [19??] *Work* (Katabasis London) ed. Dinah Livingstone
- [19??] *Home* (Katabasis London) ed. Kathleen McPhilemy
- 1993 *An Anthology of New Indian English Poetry* (Rupa New Delhi) ed. Makarand Paranjape
- 1992 *Barnet Poetry Anthology* (Barnet Council London) eds. Dannie Abse, Katherine Gallaghar, Debjani Chatterjee

I.7 Important anthologies & publications featuring poetry translations by Sudeep Sen

The translations that appear in the two books *Aria* and *In Another Tongue* were first featured in: *Agenda, Atlas, Best of Gallerie 1997-2007, Daily Star, Gallerie International, Modern Poetry in Translation, Molossus, New Internationalist, New Quest, Independent, Poetry International Web, Rotterdam PIW Chapbook, Shine Magazine, Six Seasons Review, SPE Editions,* and broadcast on BBC, AIR, among others. They also appeared as free-standing books, chapbooks, broadsheets, posters, postcards; or have been featured (or are forthcoming) in important anthologies:

2020 *Indian Poetry for 365 Days: An English-Hindi Anthology* (Harper Collins), ed. & trans. Gulzar *[forthcoming]*

2020 *My Typewriter is My Piano: Selected Poems* by Anamika (Aark Arts)

2010 *The Essential Tagore*, eds. Fakrul Alam and Radha Chakravarty (Santiniketan: Visva-Bharati & Cambridge: Harvard University Press);

2010 *Interior Decoration: Poems by Women from 10 Indian Languages*, eds. Ritu Menon, Vasanth Kannabiran, Ammu Joseph, and Volga (New Delhi: Women's World India & Women Unlimited);

2010 *Golden Boat: An Anthology of Indian River Poems*, ed. K Satchidanandan (New Delhi: India International Centre & Yoda Press);

2010 *Top 10 Contemporary World Poets* (Dhaka: Adorn Publication) ed. & trans. Aminur Rahman

2009 *Fire in the Soul: 100 Poems for Human Rights*, ed. Dinyar Godrej (Oxford: New Internationalist & London: Amnesty International);

2009 *Poetry International* festival chapbookby Mangalesh Dabral (Rotterdam:Poetry International);

Banalata Sen by Jibanananda Das (London: Aark Arts);
Diptych by Gulzar (London: Aark Arts);
Love Poems by Shamsur Rahman (London: Aark Arts);
Spellbound & Other Poems by Fazal Shahabuddin (London: Aark Arts);
Love & Other Poems by Aminur Rahman (London: Aark Arts);
Selected Poems by Zoran Anchevski (electronic edition by *Shine Magazine*);
Strategy of Defeat: Selected Poems 1984-2000 by Zoran Anchevski (Skopje: Jugoreklam);
Anthology of Macedonian P.E.N. Poets, ed. Zoran Anchevski (Skopje: Macedonian P.E.N. Centre &*Blesok*);
Parabolas and Capriccios: Selected Poems by Petko Dabeski (Struga Poetry Evening Editions);
Poetry International Web online [http://india.poetryinternationalweb.org/piw_cms/cms/cms_module/index.php?obj_id=14009];

I.8 Films by Sudeep Sen

Directed and co-directed several short films and documentaries, some include: *Rhythm, White Shoe Story, Woman of a Thousand Fires, Babylon is Dying: Diary of Third Street* (which won a student Emmy Award nomination), *Flying Home* among others.

I.9 Stage Show/Theatre/Radio Play/Film by Sudeep Sen

- ✧ *Mount Vesuvius in Eight Frames* ([radio play] BBC Radio UK/ Poetry by Sudeep Sen / Produced by Salim Tahir / Music by David Sylvian / Cast: Martha Kapos, Stephen Watts & S Sen)
- ✧ *Vesuvius* ([stage play] Nehru Centre of the Indian High Commission, London / Poetry by Sudeep Sen / Produced by Border Crossing / Directed by Michael Walling / Cast: Anjali Jayadev & M Walling)
- ✧ *BodyText* ([stage play] Harrow Arts Council, UK / Written by by Sudeep Sen / Produced by Border Crossing / Directed by Michael Walling / Cast: Shreya Dave & M Walling)
- ✧ *Flying Home* ([film] Produced by Border Crossing & Arts Council, UK / Poetry by Sudeep Sen / Directed by Michael Walling / Photography by David Wheeler)
- ✧ *Midnight's Grandchildren: Contemporary Indian Poetry in English* ([stage show] Struga Poetry Evening (an international poetry festival), Macedonia / Directed by Sudeep Sen / Poetry read by Indian poets and Macedonian actors / Music by Macedonian ensemble)
- ✧ *Texture Tone Topography: Poetry & Jazz* ([stage show] India International Centre, New Delhi / Poetry by Sudeep Sen / Cast: Tom Alter, Rajeev Raja, Sudeep Sen)
- ✧ *Rain* ([stage show] National tour — (The British Council, Delhi), (*The Times of India* Kala Ghoda Arts Festival, Bombay), Darpana Arts Academy/Natarani, Ahmedabad), & others in Calcutta, Madras, Bangalore, Hyderabad, Pune / Written by Sudeep Sen / Cast: Tom Alter & Sudeep Sen + musicians)
- ✧ *T3 & Woman* ([stage show] The Attic, New Delhi / Poetry & Fiction by Sudeep Sen / Music by Srinibas, Dance by Moumita

Ghosh, Dramatic Enactment by Averee Chaurey, Songs by Jayati Ghosh

✧ *J3: Jibanananda Jazz Jugalbandi* ([STAGE SHOW] IAS Officers Club, Hyderabad / Poetry by Sudeep Sen & Hoshang Merchant / Music by Charminar Jazz Collective

✧ *[Wo]man* ([STAGE SHOW] The India International Centre Experience: A Festival of the Arts (New Delhi) / Poetry & Fiction by Sudeep Sen / Vocals by Vidya Rao / Flute by Srinibas / Dance by Moumita Ghosh / Bengali reading by Averee Chaurey

✧ *Rain* ([STAGE SHOW] The India International Centre Experience: A Festival of the Arts (New Delhi) / Poetry by Sudeep Sen / Dance by Vijayalakshmi / Music by Mac Quayle

✧ *EroText RePlay* [STAGE PLAY] adapted by David Zinder

III. WORKS/BOOKS ON SUDEEP SEN

II.1 SELECTED BOOKS/MONOGRAPHS ON SUDEEP SEN

2022 *Sudeep Sen: The Writer, The Artist & His Practice* | ed. Rama Nair *(forthcoming)*

2022 *Sudeep Sen: Selected Essays, Criticism, Reviews & Interviews,* (Classix) Essays by William Radice, Jane Draycott, Jenny Lewis, Brinda Bose, Ratna Raman, Gautam Chakravarti et el.

1997 *Postmarked India: New & Selected Poems* |Critical Introductionby Kwame Dawes (Harper Collins)

1996 *Sudeep Sen: A Bio-Bibliographical Critical Sourcebook* by Kwame Dawes (University of South Carolina)

Sudeep Sen: A Monograph by Philip Drury *(work-in-progress)*

Selected Essays & Reviews on Sudeep Sen ed. Katarina Magdalena Dorn *(work-in-progress)*

The Art of Sudeep Sen ed. M Dolores Herrero *(work-in-progress)*

II.2 SOME IMPORTANT REFERENCE/CRITICAL BOOKS FEATURING SUDEEP SEN

2022 *Sudeep Sen: The Writer, The Artist & His Practice*, ed. Rama Nair *(forthcoming)*

2021 *Sudeep Sen: Interview, Reviews, Views* Volumes 1-3 (Classix)

2020 *Sudeep Sen* | PhD by Queen Sarkar

2019 *Name Me a Word: Indian Writers Reflect on Writing* (Yale), ed Meena Alexander

2014 *Becoming Poets: The Asian English Experience* (Peter Lang, Bern), ed. Agnes A L Lam

2013 *Contemporary British Literature: Post-1990s A Critical Study* (Prestige Books), eds. Rama Nair & Parimala Kulkarni

2012 *The English Language Poetry of the South Asians: A Critical Analysis* (McFarland & Co. USA) ed. Mitali Pati Wong

2010 *Contemporary Indian Poetry in English* (Sahitya Akademi: New Delhi) edited by Mohan Ramanan, Afeefa Banu & Pramod Nayar

2009 *Poetry, Politics and Culture: Essays on Indian Texts and Contexts* (Routledge: London/NewYork/New Delhi) by Akshaya Kumar

2009 *Representations of a Culture in Indian English Poetry* (Indian Institute of Advanced Studies) by Mita Biswas

2007 *Encyclopaedia of Indian Literature* (Anmol Publications) ed. Ravi Narayan

2006 *Cambridge Guide to Literature in English* (Cambridge University Press: Cambridge) ed. Dominic Head

2006 *Silent Tongues: Writings in Contemporary Indian Poetry* (Authors Press: New Delhi) by Rabindra K Swain

2005 *Routledge Encyclopaedia of South East Asian Literatures* (Routledge: London/New York) eds. Benson & Connolly

2004 *Alexandria: Real and Imagined* (London: Ashgate) eds. Anthony Hirst & M S Silk

2004 *The Oxford English Literary History* [Vol 13, 1948-2000] (Oxford University Press: Oxford) ed. Bruce King

2004 *Writing Across Worlds: Contemporary Writers Talk* (Routledge: London/New York) ed. Susheila Nasta

2003 *Post-Colonial Studies: The Essential Glossary* (Arnold: London) ed. John Thieme

2002 *Routledge Companion to Black British Culture* (Routledge: London/New York) ed. Allison Donnell

2000 *Pears Cyclopaedia* (Penguin: London/New York) ed Chris Cook

2001 *Trends and Techniques in Contemporary Indian English Poetry* (Prestige: New Delhi) ed. Rama Nair

2001 *Indian English Literature 1980-2000* (Pencraft International: New Delhi) eds. M K Naik & Shyamala A Narayan

2000 *Modern Indian Poetry in English: Critical Studies* (Creative Books) eds. Nila Shah & Pramod K Nayyar

2000 *Commonwealth & Post-Colonial Literatures* (British Council: London) ed. John Thieme

2000 *Student's Britannica India* (Britannica) eds. Dale Hoiberg & Indu Ramchandani

1999 *Now Read On: Multicultural Reader* (Routledge, London/New York) eds. John McRae & Edwin Vethamani

1999 *Who's Who of Indian Writers* (Sahitya Akademi: New Delhi) ed. K C Dutt

1998 *Journal of Contemporary History* (Sage) by Shyamala Narayan

❑❑

आत्मवृत्त

वैश्विक साहित्यिक परिदृश्य में प्रखर, मुखर और पारिभाषिक स्वर **सुदीप सेन** नवीन परम्परा और पीढ़ी के उन युवा कवियों में जाने जाते हैं जो अंग्रेज़ी भाषा की कविता को नया आयाम और कलेवर दे रहे हैं। वे केवल भाषायी अभिव्यक्ति को लेकर ही सजग, सतर्क और सचेतन नहीं हैं बल्कि उसकी सम्भावनाओं को गढ़ने में भी महत्त्वपूर्ण और निर्णायक भूमिका का निर्वहन कर रहे हैं। भाषा के सम्बन्ध में उनकी प्रतिबद्धता अनुकरणीय और प्रेरक है। वर्ष 2004 में समकालीन वैश्विक कविता में उनके महत्त्वपूर्ण योगदान के लिए उन्हें प्रतिष्ठित 'प्लेयड्स सम्मान' (स्ट्रूगा पोएट्री फ़ेस्टिवल मेसीडोनिया में) से नवाज़ा गया। उनकी कृतियों में उच्चस्तरीय सृजनात्मकता और उसकी सम्भावनाएँ सहज ही प्रतिबिम्बित होती हैं। आशय यह कि उनकी कृतियों में जो कविता-कौशल और रचनात्मकता है वह आन्तरिक और बाह्य परिस्थितियों में निहित संवेदना की तीव्र अनुभूतिपरक अभिव्यक्ति का प्रतिफलन है लेकिन साथ ही साथ इसमें वस्तुपरकता, तार्किकता और स्वाभाविकता के गुण व्यापक स्तर पर विद्यमान हैं। सारांशतः यह कहने में किसी प्रकार की अतिरंजना और अतिशयोक्ति नहीं है कि वे निश्चित रूप से अंग्रेज़ी साहित्य के मानक और मुस्तक़बिल के रूप में रेखांकित किये जा सकते हैं। उनकी पुरस्कृत रचनाओं में पोस्टमार्क्ड इंडिया : न्यू एंड सेलेक्टेड पोएम्स (हार्पर कॉलिंस), डिसट्रैक्टेड ज्योग्राफ़ीज़, रेन, एरिया (ए.के. रामानुजन ट्रांसलेशन अवार्ड), फ्रक्टल्स : न्यू एंड सेलेक्टेड पोएम्स, ट्रांसलेशंस, 1980-2015 (लन्दन मैगजीन संस्करण),

और एरो टेक्स्ट (विंटेज : पेंगुइन रैनडम हाउस) समेत अनेक कृतियाँ शामिल हैं। उन्होंने कुछ महत्त्वपूर्ण संग्रहों का सम्पादन कार्य भी किया है : इंग्लिश पोएट्री (हार्पर कॉलिंस), वर्ल्ड इंग्लिश पोएट्री एंड मॉडर्न इंग्लिश पोएट्री (साहित्य अकादेमी) बाय यंग इंडियंस, ब्लू न्यूड (जोरगे जालमिया इंटरनेशनल पोएट्री प्राइज़) व्हिस्परिंग एकलेट्स। सुदीप सेन की कृतियों के अनुवाद लगभग 25 भाषाओं में अलग-अलग हुए हैं जो उनकी पुरज़ोर साहित्यिक सम्प्रेषणीयता की बानगी भर हैं। यही नहीं उनके शब्द और वैचारिकी लब्धप्रतिष्ठित और प्रख्यात समाचार-पत्रों, पत्रिकाओं : टाइम्स लिटरेरी सप्लीमेंट, न्यूज़वीक, गार्डियन, आब्ज़र्वर, इंडिपेंडेंट, टेलीग्राफ़, फाइनेंशियल टाइम्स, हेराल्ड लिटरेरी रिव्यू, हार्वर्ड, रिव्यू, हिन्दू, हिन्दुस्तान टाइम्स, आउटलुक, इंडिया टुडे के माध्यम से हमारे समक्ष पहुँचते रहे हैं, साथ ही साथ बीबी.सी, पीबीएस, सीएनएन, आईबीएन, एनडी टीवी, एआईआर और दूरदर्शन पर भी प्रसारित होते रहे हैं। सुदीप सेन की नयी कृतियाँ न्यू राइटिंग्स 15(ग्रांटा), लैंग्वेज़ फॉर ए न्यू सेंचुरी (नॉर्टन), लव पोएम्स (क्नोप्फ़/एवरीमैन), आउट ऑफ़ बाउंड्स (ब्लडएक्स), इनिशिएट : ऑक्सफोर्ड न्यू राइटिंग्स (ब्लैकवेल), और नेम मी ए वर्ड (येल) में उपलब्ध हैं। वे आर्क आर्ट्स के सम्पादक निदेशक हैं साथ ही एटलस के सम्पादन का कार्य भी सँभालते हैं। सुदीप सेन को प्रथम ऐसे एशियाई होने का गौरव प्राप्त है जिन्होंने नोबल लॉरिएट उत्सव में डेरेक वॉलकॉट व्याख्यानमाला में प्रस्तुति दी एवं अपना काव्यपाठ किया; जिसके लिए उन्हें सम्मानित किया गया। यह कोई आश्चर्य का विषय नहीं है कि भारत सरकार ने उन्हें 'संस्कृति/साहित्य के उत्कृष्ट व्यक्तियों' के क्षेत्र में वरिष्ठ अध्येतावृत्ति (सीनियर फ़ेलोशिप) से विभूषित किया है।

अनामिका निबन्ध लिखती हैं, अख़बारों और पत्रिकाओं में स्तम्भ लिखती हैं, कहानियाँ और उपन्यास रचती हैं, कविताओं और उपन्यासों का अनुवाद-सम्पादन करती हैं, और अंग्रेज़ी साहित्य का अध्यापन करती हैं। एक पब्लिक इंटेलेक्चुअल के रूप में व्याख्यान देने से लेकर स्त्रीवादी पब्लिक स्फ़ियर में सक्रिय रहने तक वे और भी बहुत कुछ करती हैं। पर, सबसे पहले और सबसे बाद में, वे एक कवि हैं।

1961 के उत्तरार्द्ध में मुज़फ़्फ़रपुर, बिहार में जन्मी और अंग्रेज़ी साहित्य से पीएच.डी. अनामिका राजभाषा परिषद् पुरस्कार (1987), गिरिजाकुमार माथुर सम्मान (1993), भारतभूषण अग्रवाल पुरस्कार (1995), साहित्यकार सम्मान (1997), परम्परा सम्मान (2001) और साहित्य सेतु सम्मान (2004), केदार सम्मान (2008), शमशेर सम्मान (2014), मुक्तिबोध सम्मान (2015), वाणी फ़ाउंडेशन डिस्टिंग्विश्ड ट्रांसलेटर अवार्ड (2017)। वैली ऑफ़ वर्ड्ज़ अवार्ड (2020), साहित्य अकादेमी पुरस्कार (2021), कन्हैयालाल सेठिया अवार्ड (2021) से विभूषित हो चुकी हैं।

प्रकाशित कृतियाँ :

आलोचना : पोस्ट एलिएट पोएट्री : अ वॉएज फ्रॉम कंफ्लिक्ट टु आइसोलेशन, डन क्रिटिसिज़्म डाउन द एजेज़, फ़ेमिनिस्ट पोएटिक्स : वेयर किंगफ़िशर्ज़ कैच फायर, प्रोटो-फ़ेमिनिस्ट हिन्दी-उर्दू वर्ल्ड, ट्रीटमेंट ऑव लव ऐंड डेथ इन पोस्ट वार अमेरिकन विमेन पोएट्स, ट्रांसलेटिंग रेशियल मेमरी।

विमर्श : स्त्रीत्व का मानचित्र, मन माँजने की ज़रूरत, पानी जो पत्थर पीता है, स्त्री-विमर्श का लोकपक्ष, त्रियाचरित्रं : उत्तरकाण्ड, स्वाधीनता का स्त्री-पक्ष।

कविता : ग़लत पते की चिट्ठी, बीजाक्षर, समय के शहर में, अनुष्टुप्, कविता में औरत, खुरदरी हथेलियाँ, दूब-धान, थेरी गाथा : टोकरी में दिगन्त, पानी को सब याद था, वर्किंग विमेंस हॉस्टल और अन्य कविताएँ।

कहानी : प्रतिनायक।

संस्मरण : एक ठो शहर था, एक थे शेक्सपियर, एक थे चार्ल्स डिकेंस।

उपन्यास : अवान्तर कथा, दस द्वारे का पींजरा, तिनका तिनके पास, आईका साज़।

अनुवाद : नागमंडल (गिरीश कार्नाड), रिल्के की कविताएँ, एफ्रो-इंग्लिश पोएम्स, अटलांत के आर-पार (समकालीन अंग्रेज़ी कविता), कहती हैं औरतें (विश्व साहित्य की स्त्रीवादी कविताएँ), भाषिक पुनर्वास।